espaço e tempo na educação infantil

Conselho Acadêmico
Ataliba Teixeira de Castilho
Carlos Eduardo Lins da Silva
José Luiz Fiorin
Magda Soares
Pedro Paulo Funari
Rosângela Doin de Almeida
Tania Regina de Luca

Proibida a reprodução total ou parcial em qualquer mídia
sem a autorização escrita da editora.
Os infratores estão sujeitos às penas da lei.

A Editora não é responsável pelo conteúdo da Obra,
com o qual não necessariamente concorda. As Autoras conhecem os fatos narrados,
pelos quais são responsáveis, assim como se responsabilizam pelos juízos emitidos.

Consulte nosso catálogo completo e últimos lançamentos em **www.editoracontexto.com.br**.

espaço e tempo na educação infantil

rosângela doin de almeida

paula c. strina juliasz

Copyright © 2014 das Autoras
Todos os direitos desta edição reservados à
Editora Contexto (Editora Pinsky Ltda.)

Fotos de capa e de miolo
Paula C. Strina Juliasz

Montagem de capa e diagramação
Gustavo S. Vilas Boas

Preparação de textos
Lilian Aquino

Revisão
Tatiana Borges Malheiro

Dados Internacionais de Catalogação na Publicação (CIP)
(Câmara Brasileira do Livro, SP, Brasil)

Almeida, Rosângela Doin de
Espaço e tempo na educação infantil / Rosângela Doin de Almeida e Paula C. Strina Juliasz. – São Paulo : Contexto, 2014.

Bibliografia.
ISBN 978-85-7244-828-4

1. Aprendizagem 2. Cartografia 3. Educação infantil 4. Geografia (Educação infantil) 5. Metodologia 6. Pedagogia I. Juliasz, Paula C. Strina. II. Título.

13-13085   CDD-372.21

Índice para catálogo sistemático:
1. Geografia e cartografia escolar : Educação infantil   372.21

2014

Editora Contexto
Diretor editorial: *Jaime Pinsky*

Rua Dr. José Elias, 520 – Alto da Lapa
05083-030 – São Paulo – SP
PABX: (11) 3832 5838
contexto@editoracontexto.com.br
www.editoracontexto.com.br

SUMÁRIO

Apresentação 7
Sonia Vanzella Castellar

Práticas de pesquisa e de ensino 13

Criança, espaço e tempo 25

Dois meninos e um planeta 51

O que existe embaixo da cama 69

Uma menina aventureira 97

Um pouco além das práticas 113

Bibliografia 121

As autoras 125

APRESENTAÇÃO

Este livro tem o objetivo de oferecer aos leitores de diversas áreas do conhecimento escolar, principalmente aos professores de educação infantil, uma leitura que ajudará a compreender o papel da docência e da Geografia no currículo escolar. Constitui, então, uma importante contribuição para o ensino de Geografia e para a Cartografia Escolar. As autoras apresentam uma discussão ainda incipiente no âmbito da Geografia Escolar: o papel da disciplina geografia na educação infantil, com crianças de 4 e 5 anos. Nesse contexto, as autoras, ao trabalharem os conceitos de espaço e tempo, mostram a importância de desenvolver o raciocínio espacial em crianças de educação infantil por meio da linguagem cartográfica.

Esta obra traz, portanto, à Geografia Escolar um marco que reforça a linha de pesquisa em Cartografia Escolar ou para crianças. Reforça, ainda, uma análise teórica sobre o papel da Geografia no currículo na educação infantil e, consequentemente, nas séries iniciais do ensino fundamental I.

O livro apresentado é pertinente aos professores da educação infantil e séries iniciais e também a pesquisadores na área da Geografia Escolar. Ele fortalece a importância do uso de histórias infantis para desenvolver o raciocínio espacial, estimulando as crianças a pensar e superar desafios a partir de situações de aprendizagens complexas que poderão ajudar o professor a organizar seu trabalho em sala de aula. Nesse sentido, articula a Cartografia, entendida como linguagem, com outra linguagem, a literatura infantil, que, sem dúvida, auxiliará as crianças a lerem e escreverem, questionando o mito existente na escola e no sistema de educação pública de que só se escreve e se lê com a disciplina de Língua Portuguesa.

A título de organização, as autoras delinearam a metodologia de pesquisa adotada e buscaram compreender a dimensão de uma pesquisa com crianças em idade correspondente à educação infantil. Essa compreensão foi necessária porque não estavam analisando uma situação genérica de ensino, mas como desenvolver os conceitos de espaço e tempo, fundamentais para a Geografia. Sem dúvida, isso significou, para elas, como afirmam no primeiro capítulo, "fazer um balanço tanto de nossas convicções acerca dos fundamentos das teorias sobre a criança quanto sobre a pertinência da Geografia para esse segmento da educação básica". A importância desse balanço fez com que as autoras e pesquisadoras aprofundassem o sentido da educação infantil na formação da criança, e, mais ainda, discutissem os fundamentos teóricos, epistemológicos no campo da educação e aprendizagem e na Cartografia Escolar.

A escolha dos conceitos de espaço e tempo, segundo as autoras, as conduziu a pensar em desenvolver situações que instigassem as crianças, despertando a curiosidade e, ao mesmo tempo, fazendo com que percebessem e registrassem o que estavam fazendo. Além disso, definiram as situações de ensino para que encontrassem informações relevantes ao tema da investigação e, por meio das narrativas compostas por diálogos e produções das crianças, definiram os resultados. Assim, fica claro como as pesquisadoras estabeleceram os fundamentos teórico-metodológicos deste livro.

No capítulo "Criança, espaço e tempo", a discussão tem foco nas escolhas teóricas para a análise conceitual, relativas ao espaço e ao tempo, que foram articuladas com o meio cultural, pois dessa forma as crianças poderiam dar sentido ao que estavam fazendo. Nesse capítulo, a fundamentação teórica parte do conceito de imitação e mediação tratado na obra *Pensamento e linguagem*, de Vygotski. As autoras comentam que as crianças logo aprendem o que podem fazer ou não, que elas agem muitas vezes por ordem de um adulto, como quando arrumam os brinquedos; a partir desse exemplo, as autoras trataram do conceito de *zona de desenvolvimento imediato*. Ainda, dialogando com Vygotski, analisam por meio das atividades o papel da linguagem como um instrumento simbólico que auxiliará no pensamento generalizante, colaborando com o desenvolvimento intelectual da criança.

Os trabalhos de Jean Piaget e Henri Wallon também são importantes aportes teóricos para analisar a representação do espaço e do tempo. Para esses autores, o espaço é uma experiência subjetiva realizada por meio da ação e do movimento. Trata-se de uma experiência inserida no contexto mais amplo e objetivo da vida em geral. Essa ideia, sistematizada pelas autoras, ajuda a compreender o processo de desenvolvimento dos conceitos de espaço e tempo para as crianças.

A partir das discussões teóricas sobre linguagem, espaço e tempo, no capítulo "Dois meninos e um planeta", por meio da história *A Pirilampeia e os dois meninos de Tatipurum*, de Joel Rufino dos Santos, as autoras analisam os conceitos de verticalidade e horizontalidade que auxiliam na compreensão da noção de espaço e, consequentemente, nas noções de pontos cardeais e de longitude e latitude. Segundo as autoras, "a verticalidade do corpo humano e a percepção da linha do horizonte [...] definem as referências espaciais básicas de toda localização". Essa é uma das interessantes discussões realizadas nesse capítulo, pois o sistema de coordenadas possibilita a determinação da localização no espaço terrestre. As autoras relacionam com muita clareza os conceitos de espaço, de sistema de coordenadas, comprovando que a construção do conhecimento científico ocorre, também, por meio de uma rede de conceitos e estabelecendo nexos entre as diferentes áreas do conhecimento escolar, nesse caso a Geografia e a Matemática.

Para trabalhar os conceitos de *espaço próximo* e *tempo*, as pesquisadoras utilizaram uma história infantil, elaborando uma atividade de ensino com base no livro *Debaixo da cama: uma viagem ao centro da Terra*, de Mick Manning e Brita Granström, que é a discussão central do capítulo "O que existe embaixo da cama". A atividade foi desenvolvida a partir da pergunta – O que tem embaixo da cama? Então, as crianças responderam, levantando hipóteses, fato que deixou clara a necessidade de estimular as crianças a pensarem sobre situações concretas dos referidos conceitos.

Para Rosângela e Paula, "a manipulação e experimentação corporal criam condições para a interiorização de uma organização espacial e temporal dada pela cultura no grupo social ao qual a criança pertence". Como vocês, leitores, irão ver nesse capítulo, o processo de raciocínio espacial torna-se cada vez mais concreto por meio das observações e respostas das crianças. Os pressupostos teóricos que fundamentam esse capítulo encontram-se nos estudos de Henri Wallon e Liliane Lurçat.

Outra possibilidade de estudo sobre os conceitos de espaço e tempo e de corpo para a criança foi o desenvolvimento de uma situação didática utilizando os episódios da série intitulada *Dora, a aventureira*. O capítulo "Uma menina aventureira" é, portanto, mediado por atividades de localização espacial com base nessa série de televisão. A personagem Dora utiliza um mapa que a ajudará a encontrar os caminhos. Dessa forma, as crianças irão se envolvendo com as atividades propostas, conseguindo localizar os pontos de referência apresentados e registrando os lugares.

Além da importância para a Cartografia Escolar, este livro apresenta uma discussão fundamental para a educação básica, que é a necessidade da compreensão do processo docente. Esse processo demanda entendimento das estruturas de cada disciplina, de seus métodos e teorias principais. Isso significa que a formação inicial de professores, principalmente dos pedagogos que trabalham na educação infantil, deve despertar a clareza de seu papel no momento de organizar suas aulas e a consciência de que as práticas docentes devem servir para contribuir na formação intelectual das crianças.

Os leitores deste livro terão a oportunidade de entrar em contato com experiências que ocorreram na escola e de entender a relevância da fundamentação teórica e das pesquisas para as suas atividades diárias. Esta obra não apresenta modelos prontos, mas práticas de sala de aula significativas que podem contribuir para melhorar o ensino público neste país.

Reforço, por fim, a ideia de que ser professor se fundamenta na pertinência social e histórica do seu papel. Esta obra apresenta essa dimensão, além de situar a atividade docente e marcar a importância do aspecto teórico e do papel das pesquisas nas universidades, favorecendo a parceria com a escola.

É um livro prazeroso porque fala de crianças e mostra como elas podem construir conhecimento por meio de situações cotidianas que as desafiam. É um livro interessante porque provoca o leitor a entender como estimular a criança a ler o mundo a partir do conhecimento geográfico.

Boa leitura!

Sonia Vanzella Castellar

PRÁTICAS DE PESQUISA E DE ENSINO

Nas últimas décadas, foram publicados diversos livros e artigos sobre Cartografia Escolar, abordando vários temas: representação do espaço em diversos contextos culturais, conhecimentos em cartografia e formação de professores, práticas de ensino com tecnologias da informação e comunicação, entre outros. A abrangência dessas publicações está em grande parte vinculada à escola e, mais especificamente, ao ensino de Geografia.

No entanto, ao olharmos para os temas abordados, notamos que são raras as publicações que trazem estudos e experiências a respeito da educação infantil.[1] Essa lacuna abre um vazio pedagógico quando consideramos o currículo escolar, principalmente depois que foi instituído o ensino de nove anos, uma fusão ainda pouco definida entre o final da educação infantil e o início do ensino fundamental (EF).

A ausência de um suporte teórico e prático para esse segmento da educação básica pode levar ao deslocamento das práticas antes destinadas aos alunos maiores para as turmas de educação infantil com o objetivo de prepará-las para os estudos a serem realizados no 1º ano do ensino fundamental. Encontramos em livros didáticos e propostas curriculares destinados aos primeiros anos do EF a indicação de atividades didáticas sobre escala, ponto de vista, símbolos cartográficos etc., atividades que antes figuravam nos livros para alunos de séries mais avançadas. Cremos que esse deslocamento, no sentido de trazer conhecimentos mais adiantados para alunos menores, tem sua origem, em parte, na falta de um saber sobre o que, como e por que ensinar temas relativos ao espaço e ao tempo para crianças da educação infantil.

Com o propósito de avançar na direção desse saber, nos dispusemos a aprofundar nossos conhecimentos sobre a representação do espaço e do tempo em crianças. Por meio de um estudo empírico em uma escola de educação infantil, discutimos uma proposta didática realizada com crianças de 4 a 5 anos.[2] Apresentamos neste livro uma síntese desse estudo e de nossas investigações teóricas com a finalidade de abrir um diálogo com outros professores e pesquisadores interessados no assunto. Temos também a esperança de que nossos esforços fomentem o surgimento de outras iniciativas.

DELINEAMENTO DE UMA PESQUISA PARTICIPANTE

Uma jovem simpática procurou a mim, Rosângela, para saber se eu tinha interesse em orientá-la no curso de mestrado. Então, Paula e eu conversamos sobre seus propósitos e experiências. Apresentei-lhe meus novos projetos. Gostamos do que ouvimos uma a respeito da outra e combinamos novos encontros. Surgiu a ideia de uma pesquisa com crianças pequenas, porque ela era professora do jardim da infância em uma escola municipal e poderia usar essa experiência em sua investigação. Eu precisei dedicar-me à pesquisa sobre formação de professores por motivos acadêmicos e deixei de lado as investigações na escola, de modo que era meu interesse retomar a pesquisa com alunos do ensino fundamental. *Como seguir com a pesquisa acadêmica sobre o ensino sem ter contato com as práticas escolares?* Tenho sempre a sensação de que algo me escapa, de que falo e penso sobre o que não sei ao certo – a sala de aula é outro mundo!

Eu conhecia diversas publicações e tinha contato com pesquisadores estrangeiros[3] que trabalham com ensino de Geografia para crianças pequenas, mas tinha pouca informação sobre como isso acontece no Brasil. Parecia-me (e continuo a pensar assim) que o foco dos estudos em Didática da Geografia estava no segundo nível do ensino fundamental e no ensino médio, ficando em segundo plano o ensino pré-escolar.

Juntando tudo, tínhamos, eu e Paula, um grande interesse em comum: ela traria suas práticas à reflexão teórica e eu poderia retomar meus estudos com crianças na escola. Assim, delineamos um projeto que recebeu apoio financeiro[4] e foi realizado em uma escola pública no município de Rio Claro (SP).

Delinear uma pesquisa com crianças pré-escolares sobre conhecimentos de Geografia significou fazer um balanço tanto de nossas convicções acerca dos fundamentos das teorias sobre a criança quanto sobre a pertinência da Geografia para esse segmento da educação básica. Iniciando por este último ponto, encontramos no *espaço* e no *tempo* os focos apropriados ao nosso propósito: *observar e refletir sobre como crianças entre 4 e 5 anos elaboram experiências relacionadas a espaço e tempo, experiências contextualizadas na cultura da infância.*

É importante dizer que essa tríade (experiências, espaço e tempo) logo nos remeteu para a dimensão corporal.

Para conduzir as atividades da pesquisa, agendamos a seguinte pauta de trabalho: a) criar situações instigantes, relacionadas com espaço e tempo e retiradas do universo infantil, com a finalidade de observar e registrar as maneiras pelas quais as crianças lidam com essas situações; b) desenvolver formas de registrar minuciosamente as situações de ensino com a finalidade de criar uma memória para posterior reflexão; c) escrever narrativas a respeito de cada situação de ensino a partir dos registros.

Paula foi professora de uma turma de crianças de 4 anos por um semestre, quando acompanhou e registrou as primeiras experiências de nossa investigação. Depois, como precisou dedicar-se integralmente à pesquisa, atuou como professora participante (ou pesquisadora participante) na mesma turma de crianças por mais dois semestres. Ao todo, foram três semestres letivos com quase as mesmas crianças, que ao final já estavam um ano e meio "mais velhas". Embora não estivéssemos com a preocupação de fazer uma análise baseada na idade das crianças, temos que levar em conta que uma criança não será a mesma aos 4 e aos 5 anos e meio.

CRIAÇÃO DE UM ROTEIRO

Com a ideia de "experiência"[5] em mente, tratamos de tecer um conjunto de situações ao mesmo tempo lúdicas e instigantes para crianças. Tivemos um especial cuidado na busca de materiais e encontramos na literatura infantil histórias curiosas, em cujo enredo o espaço e o tempo figuravam como belos panos de fundo. A escolha da literatura infantil foi proposital por acreditarmos que as histórias são um poderoso meio para ampliar a imaginação das crianças e para aproximar suas geografias de nossas questões de pesquisa.

Histórias infantis são utilizadas com certa frequência na pré-escola. Nas classes há, geralmente, um canto onde as crianças encontram livros para manusear e ler livremente. As crianças gostam de ouvir a professora narrar histórias. Foi o que aconteceu em nossa experiência.

Preparamos as atividades e os materiais com cuidado. Embora estivesse claro que havia um limite para nossa ação mediadora, não poderíamos perder a chance de provocar o pensamento das crianças até o ponto que nos parecesse conveniente. Nossos estudos e práticas anteriores nos davam sinal verde para propor desafios. Arriscamos-nos a propor atividades, com base nas histórias, que fossem na direção de certa generalização. Isso ficará mais claro quando narrarmos as experiências. Para adiantar, tínhamos em mente trabalhar com materiais concretos ou figurativos, como apoio para a rememoração da história, e chegar ao final com uma síntese realizada por meio de recursos gráficos.

Organizamos essas atividades com apoio nas ideias de Oriosvaldo de Moura,[6] para quem uma atividade de ensino é construída a partir de uma *situação-problema*. Embora a ideia de experiência não esteja explícita em seu texto, em sua concepção vemos que a experiência de aprender é única e fortemente vinculada ao contexto cultural. Ancoramos nessas ideias os dilemas e as decisões enfrentados tanto nos momentos em que pensamos as atividades didáticas quanto durante a realização das aulas.

Outro desafio foi lidar com a situação de pesquisa. Ser professora e pesquisadora não é coisa simples. Durante todo o tempo em que estivemos na escola, os requisitos de certo rigor de pesquisa estavam sempre diante de nós. Certas habilidades necessárias ao pesquisador que atua no campo da educação foram nosso grande aprendizado:

> a) ser capaz de estabelecer uma relação de confiança com os outros; b) ter sensibilidade para com as pessoas; c) saber ouvir; d) formular boas perguntas; e) ter familiaridade com as questões investigadas; f) ter flexibilidade para se adaptar a situações inesperadas; g) não ter pressa de identificar padrões ou atribuir significados aos fenômenos observados.[7]

O papel de pesquisador em uma pesquisa participante como a que realizamos foi uma questão recorrente sobretudo para Paula. Até onde ela poderia intervir na escola e nas práticas da professora com quem partilhava as aulas? Como manter o distanciamento adequado durante as atividades dos alunos? Como perceber se estava interferindo no movimento do aluno diante da situação apresentada? Tivemos apoio de algumas leituras durante o nosso caminhar.[8]

Essas preocupações nos levaram a definir procedimentos que dessem certa segurança quando precisássemos retomar as aulas. Registramos as atividades com filmagem em vídeo, bem como com fotografias. As filmagens[9] foram minutadas[10] e depois transcritas. Com base nesses registros, escrevemos narrativas de cada atividade, incluindo imagens e falas das crianças.

Selecionamos para apresentar aqui três sequências didáticas. A primeira tomou como referência o livro *A Pirilampeia e os dois meninos de Tatipurum*, de Joel Rufino dos Santos, e teve como finalidade observar como as crianças lidariam com relações de espaço sobre uma esfera (o planeta Tatipurum). A segunda sequência didática baseou-se no livro *Debaixo da cama: uma viagem ao centro da Terra*, de Mick Manning e Brita Granström. A partir da cama de dois personagens são enumerados objetos que podem ser encontrados cada vez mais embaixo, até chegar ao centro da Terra. Para a terceira sequência didática, escolhemos o episódio "Cidade dos brinquedos perdidos", da animação *Dora, a aventureira*, na qual um mapa sempre aparece como um personagem que orienta os trajetos de Dora.

As atividades foram propostas com a ideia de que o enredo da história traz uma ordem temporal, que pode ser o fio condutor tanto para o estabelecimento da noção de sequência no tempo como para as etapas da atividade em si. Estas últimas corresponderam de modo geral a: a) após o relato da história, realização de vivências e diálogos sobre a história; b) representação por meio de material a ser manipulado pelos alunos; c) representação gráfica em colagem e desenho. O quadro 1 resume as três sequências didáticas.

Outras atividades foram realizadas para cumprir o programa elaborado pela escola, mas aqui vamos focar as três mencionadas no quadro 1.

Nem todas as crianças frequentaram as aulas durante todo o período em que estivemos na escola. Tivemos uma média de 12 alunos por aula, sendo que 4 crianças estiveram presentes em praticamente todas as aulas, o que nos levou a dar certo destaque a suas produções quando discutimos os resultados das atividades nos próximos capítulos. Esses alunos são Renata (nascida em 2 de fevereiro de 2006), Fernanda (nascida em 6 de maio de 2006), Fábio (nascido em 8 de maio de 2006) e Maria (nascida em 6 de junho de 2006).[11]

Quadro 1 - Sequência didática das atividades de ensino.

Atividade	Material concreto	Colagem	Desenho
As relações espaciais em um planeta chamado Tatipurum	Material: bola de isopor verde e as figuras dos elementos da história (Pirilampeia, Sicraninho, Fulaninho, Jameleira e balão). Proposta: localização dos elementos da história na esfera. Desenvolvimento: após a leitura da história *A Pirilampeia e os dois meninos de Tatipurum*, em duplas e com os materiais, as crianças espetam os elementos da história na esfera de isopor, o Tatipurum. Atividade em duplas: conversar sobre o que fizeram; participar da roda de conversa final.	Material: folha A3, figuras dos elementos da história, giz de cera e círculo. Proposta: colagem das figuras em um círculo que representa o planeta Tatipurum (localização). Desenvolvimento: após a narração da história, utilizando uma bola de isopor e os personagens, as crianças pintam de verde um círculo, o Tatipurum. Depois, colam o círculo na folha A3 e, em seguida, colam os elementos da história (Pirilampeia, Sicraninho, Fulaninho, Jameleira e balão). Ao final, as crianças conversam sobre suas produções.	Material: giz de cera e folha A3. Proposta: desenho sobre a história *A Pirilampeia e os dois meninos de Tatipurum*. Desenvolvimento: desenho da história, com giz de cera. Depois de desenhar, as crianças conversam sobre suas produções.

O que pode haver embaixo da cama e do chão	Material: mural, figuras de elementos presentes na história, caneta, giz de cera e folha A3. Proposta: montagem de um mural com elementos do que pode existir embaixo da cama e desenho da história. Desenvolvimento: as crianças sentam-se em um grupo de mesas e manuseiam uma miniatura de cama, em uma roda de conversa sobre o que poderia haver embaixo da cama de cada uma. Em um mural, são colocadas figuras de objetos citados no livro e os nomes de objetos falados pelas crianças. As crianças falam na roda de conversa sobre suas produções.	Material: figuras de objetos (cama, boneca, bola, travesseiro, formiga, janela, gato, cano, dinossauro e tênis), cola, folha A3 e miniatura de cama. Proposta: colar o que há em cima e embaixo da cama e embaixo do chão, a partir da linha de base traçada na folha. Desenvolvimento: a conversa se inicia com o manuseio da miniatura de cama; as crianças falam sobre seus quartos e sobre o que tem embaixo da cama delas. Depois da conversa, recebem a folha A3 com o plano de base, onde colam a cama e os objetos.	Material: giz de cera e folha A3. Proposta: desenho sobre a história. Desenvolvimento: desenho da história, feito com giz de cera. Depois de desenhar, as crianças conversam sobre suas produções.

| A cidade dos brinquedos perdidos | Material: animação *Cidade dos brinquedos perdidos*, folha A4, figuras retiradas da história. Proposta: organização das figuras dos locais percorridos pela personagem, segundo a sequência estabelecida na história. Desenvolvimento: depois de assistirem à animação, as crianças organizam a sequência dos locais percorridos por Dora, até chegar à Cidade dos Brinquedos Perdidos. Em seguida, conversam sobre suas produções. | Material: figuras retiradas da história e folha com uma árvore como referencial. Proposta: a partir de uma árvore, organização e colagem dos elementos da cena da animação. Desenvolvimento: as crianças observam e conversam sobre a figura da Selva Desarrumada (cena do episódio assistido), na qual os elementos estão em posições invertidas e fora dos lugares. Recebem uma folha com a figura de uma árvore e, depois, figuras de outros elementos que compõem essa cena. Organizam e colam essas figuras e, ao término da atividade, conversam sobre suas produções. | Material: figuras retiradas da história e folha em branco. Proposta: organização e colagem dos elementos da cena da animação. Desenvolvimento: as crianças observam e conversam sobre a figura da Selva Desarrumada. Em seguida, organizam e colam essas figuras. Ao final, conversam sobre suas produções. |

Antes de narrar as experiências vividas na escola, consideramos que será necessário entender de que maneiras a representação do espaço e do tempo são vistos por teóricos que estudaram o pensamento infantil e que tiveram grande influência na educação.

NOTAS

[1] Essa lacuna foi apontada durante o VI Colóquio de Cartografia para Crianças e o II Fórum Latino-americano de Cartografia para Escolares, realizados em 2009 na Universidade Federal de Juiz de Fora.

[2] Pesquisa para obtenção do título de mestre realizada por Paula Cristina Strina Juliasz, defendida em 2012, no Programa de Pós-graduação em Geografia do IGCE da Unesp, *campus* Rio Claro, sob o título *Tempo, espaço e corpo na representação espacial: contribuições para a educação infantil*.

[3] Entre eles, Patrick Wiegand (Universidade de Leeds, Inglaterra), Jaqueline Anderson (Universidade de Concórdia, Canadá), Maria Villanueva (Universidade Autônoma de Barcelona, Espanha) e Maria do Rosário Pinhero Pelletero (Universidade de Oviedo, Espanha).

[4] Bolsa de mestrado – Fapesp (Fundação de Amparo à Pesquisa do Estado de São Paulo).

[5] Temos como referência as ideias de Jorge Larrosa Bondia escritas no artigo "Nota sobre a experiência e o saber da experiência", 2001.

[6] Moura, "A atividade de ensino como unidade formadora", em *Bolema,* ano II, n. 12, 1996, pp. 30-1: a "materialização dos objetivos e conteúdos define uma estrutura interativa em que os objetivos determinam conteúdos, e estes por sua vez concretizam esses mesmos objetivos na planificação e desenvolvimento de atividades educativas. [...] A atividade de ensino, desta forma, passa a ser uma solução construída de uma situação-problema, cujas perguntas principais são: a quem ensinar, para quem ensinar, o que ensinar e como ensinar".

[7] Extraído de Alves-Mazzotti e Gewandsznajder, *O método nas ciências naturais e sociais: pesquisa quantitativa e qualitativa*, 2. ed., São Paulo, Pioneira Thomson Learning, 2001, p. 167.

[8] Ludke e André (*Pesquisa em educação: abordagens qualitativas*, São Paulo, EPU, 1986, p. 15), por exemplo, discutem o papel do pesquisador na perspectiva da pesquisa participante: "De acordo com essa perspectiva, o pesquisador deve tentar encontrar meios para compreender o significado manifesto e latente dos comportamentos dos indivíduos, ao mesmo tempo em que procura manter sua visão objetiva do fenômeno. O pesquisador deve exercer o papel subjetivo de participante e o papel objetivo de observador, colocando-se numa posição ímpar para compreender e explicar o comportamento humano".

[9] As atividades de ensino foram registradas por Tania Seneme do Canto e Bruno Zucherato, a quem agradecemos.

[10] Minutar consistiu em relatar os acontecimentos em intervalos de tempo determinados pela dinâmica de cada atividade. Quando necessário, fez-se transcrição de trechos.

[11] Os nomes não correspondem aos nomes verdadeiros dos alunos. Informamos que solicitamos a autorização dos pais ou responsáveis para a participação de todas as crianças na pesquisa.

CRIANÇA, ESPAÇO E TEMPO

Criança corre, pula, sobe, desce, se joga, cai e levanta. Criança é movimento! E é assim que ela aprende e apreende como as coisas são e como funcionam, como são o mundo e os seres que nele vivem.

As noções de espaço e de tempo se consolidam pela organização interna dos movimentos que as crianças realizam. Cada gesto traz a percepção do que é externo sob uma organização interna de sinais captados pelos sentidos. Na intrincada trama de experiências no espaço e no tempo, a corporeidade[1] tem um papel fundamental, o qual tem sido discutido por diversos autores há muito tempo. Interessa-nos aqui compreender mais detidamente o papel das experiências a respeito de espaço e tempo e quais suas implicações para a educação das crianças.

É nas atividades cotidianas que as crianças, desde a mais tenra idade, descobrem as relações dos objetos entre si. Elas adquirem o conhecimento *direto* ou *sensível* dos objetos e do espaço interobjetos. Associada à ação sobre as coisas, a *denominação* das localizações, posições e deslocamentos no espaço é outra fonte de conhecimento espacial, um conhecimento *indireto*. Por meio da integração dessas duas fontes de conhecimento (direto ou sensível e indireto ou verbal) há a *representação* do espaço.

A importância dessas duas fontes de conhecimento depende do contexto cultural; em alguns meios há uma valorização maior das ações sobre as coisas, em outros, o conhecimento verbal é mais valorizado. Em outras palavras, nas atividades cotidianas é por meio dos gestos, das ações que as crianças acumulam um conhecimento empírico do espaço, conhecimento originado na experiência e sistematizado pela linguagem.

No entanto, a formação de *conceitos* relativos ao espaço e ao tempo não acompanha a atividade imediata de manipulação das coisas, mas depende do meio cultural no seio do qual as crianças percebem o *sentido* de suas ações, se estas são aceitas, aprovadas ou repreendidas. As crianças logo aprendem o que podem fazer ou não, elas agem muitas vezes por ordem de um adulto, por exemplo, quando arrumam os brinquedos. Elas também agem por *imitação* dos adultos, por exemplo, quando vestem as roupas. A construção de conceitos sobre o espaço e o tempo é um processo longo, eivado de constrangimentos, sentimentos e valores que atribuem a eles sentidos variados e instáveis segundo as circunstâncias, as idades e os lugares. Um exemplo curioso é o conceito de *tamanho*: um carro pode parecer algo pequeno para um adulto, mas pode ser enorme para uma criança; a extensão da superfície da Terra é finita e mensurável para os matemáticos, mas é inconcebível para uma criança...

As referências no espaço cotidiano aparecem muito cedo, muito antes de sua descrição pela linguagem, mas é por meio desta que adquirem sentido. Cultura e linguagem são, portanto, extremamente importantes na formação dos conceitos espaciais e temporais. Considera-se que a organização do espaço e do tempo origina-se como construção do pensamento sobre a base das experiências no ambiente, partindo da percepção, encontrando sua confirmação novamente na experiência objetiva, de maneira que a experiência perceptivo-motora (ação e movimento) tem papel primordial. Nas palavras de Elena Gazzano:

Sublinha-se a influência da experiência perceptivo-motora do sujeito na estruturação espaçotemporal, entendida como sistema de possibilidades de ação e de movimento do sujeito, em relação com o qual ele pode expressar "sua presença no mundo" com um comportamento cada vez mais eficaz e significativo.[2]

Tanto o espaço quanto o tempo não são percebidos diretamente, no entanto, a percepção está a eles condicionada. Entre a coisa em si e a coisa percebida não há identidade, nem a percepção é uma replica da coisa percebida.

Com a intenção de abrir os horizontes interpretativos da questão que tratamos aqui, lançamos mão do aporte sociocultural de Vygotski, principalmente quanto à linguagem, à memória e à imaginação. Mais adiante trataremos das teorias de Jean Piaget e Henri Wallon.

LEV S. VYGOTSKI:
LINGUAGEM, MEMÓRIA E IMAGINAÇÃO

Entre as teorias da Psicologia que têm grande influência nas concepções educacionais em nosso país, a teoria de Vygotski tem contribuído grandemente. Em sua abordagem, no entanto, a questão do espaço e do tempo não foi objeto de investigação como ocorreu com Piaget e Wallon. Seu foco principal está na "questão da linguagem e do pensamento" sob uma perspectiva genética. O caráter evolutivo, para ele, refere-se à filogênese, (relativa à espécie), ao considerar a aquisição da linguagem pelo homem como uma necessidade de comunicação dos primeiros grupos humanos no processo de trabalho, e à ontogênese (relativa ao indivíduo), ao considerar a dimensão sócio-histórica do processo em que o ser biológico se transforma pela incorporação da cultura como parte essencial da natureza humana.

Abordagem que tomou os métodos e os princípios do materialismo dialético como alicerces teóricos sobre o qual ele ergueu sua "psicologia histórica do homem".[3]

O principal instrumento simbólico abordado por Vygotski foi a língua, a fala, o discurso. O pensamento se materializa na palavra, na linguagem, no discurso. Para ele, a palavra morre na linguagem interior, isto é, no pensamento. A linguagem tem as funções de comunicação e de generalização (pensamento generalizante), pois nomear o significado de cada palavra é fazer uma generalização, ao mesmo tempo em que nomear é um fenômeno do pensamento.

Ele buscou resolver a questão fundamental da análise genética entre pensamento e linguagem. Com esse propósito, analisou teorias divulgadas em sua época, entre elas tomou os estudos de Jean Piaget sobre a *linguagem egocêntrica* na infância.[4] A partir de experimentos, Vygotski mostrou que o significado das palavras se desenvolve na infância e definiu os estágios de desenvolvimento desses significados.[5]

Vygotski parte da ideia de que a função da linguagem é comunicar, influenciar socialmente tanto por parte dos adultos quanto das crianças; portanto, a linguagem da criança é social e não "socializada", o que indicaria que houve uma linguagem anterior "não social" e que se tornou social com o desenvolvimento, conforme se depreende da forma de linguagem que Piaget denominou de socializada. Para Vygotski, a linguagem egocêntrica surge "com base na linguagem social, com a criança transferindo formas sociais de pensamento e formas de colaboração coletiva para o campo das funções psicológicas pessoais".[6]

A criança fala com e para os outros e ao longo de seu desenvolvimento e da apropriação da língua materna passa ao chamado discurso interior. Nesse ponto, Vygotski difere de Piaget, para quem a linguagem se desenvolve de dentro para fora, de modo que a linguagem egocêntrica tende a extinguir-se dando lugar à linguagem socializada. Por meio de seus experimentos, Vygotski observou que as crianças de pouca idade diante de uma dificuldade cognitiva enunciavam suas ações, ou seja, "pensavam alto", falavam sozinhas, desempenhavam a função do discurso interior. Com isso, para Vygotski, a fala egocêntrica ocorre de fora para dentro. "A linguagem egocêntrica é a forma transitória da linguagem exterior para a linguagem interior; e é por isso que ela representa um interesse teórico tão imenso".[7]

Vygotski, em seus estudos, observou que as crianças de idade mais avançada, para resolverem algum problema, escutavam, refletiam e achavam a solução. Quando eram questionadas sobre o que estavam pensando, apresentavam respostas semelhantes às de crianças de menos idade. Concluiu que a linguagem egocêntrica "entre os alunos pré-escolares se realiza em linguagem aberta, [que se] realiza no aluno escolar em forma de linguagem interior, silenciosa".[8] Portanto, a fala egocêntrica desempenha, além da função de expressão, a função de formar um plano de solução de uma tarefa. Isso pode ser percebido na interlocução entre as crianças e a professora durante as atividades de ensino que serão narradas nos capítulos "Dois meninos e um planeta", "O que existe embaixo da cama" e "Uma menina aventureira".

O desenvolvimento da linguagem é um processo genético e está intimamente ligado ao pensamento. Essa questão é central e complexa na teoria de Vygotski e foi abordada por ele em diversas publicações. Segundo ele:

> O pensamento e a linguagem, que refletem a realidade de uma forma diferente daquela da percepção, são a chave para a compreensão da natureza da consciência humana. As palavras desempenham um papel central não só no desenvolvimento do pensamento, mas também na evolução histórica da consciência como um todo. Uma palavra é um microcosmo da consciência humana.[9]

Esse ponto fica mais claro quando consideramos o papel da memória. Vygotski considera que o pensamento da criança apoia-se quase que integralmente na *memória*. Ele distingue memória natural ou não mediada e memória mediada pelos signos. O primeiro tipo de memória está vinculado ao organismo e depende dos estímulos externos, como ocorre com outros animais, isto é, corresponde a registros de situações experimentadas que servem de informação em situações semelhantes posteriores. Já a memória mediada é fruto de uma ação intencional do sujeito em usar meios externos para disparar sua memória quando for necessário. Para tanto, lança mão de *signos* (atar nós, marcar um pedaço de madeira, são exemplos dados por Vygotski), que funcionam como auxiliares mnemônicos. Segundo ele, essas operações

> [...] modificam a estrutura psicológica do processo de memória. Elas estendem a operação de memória para além das dimensões biológicas do sistema nervoso humano, permitindo incorporar a ele estímulos artificiais, ou autogerados, que chamamos de *signos*.[10]

Sobre o desenvolvimento da memória na infância, ele considera que, para a criança, pensar é recordar, ou seja, apoiar-se em sua experiência precedente. Ele relata alguns casos, nos quais as crianças enunciam palavras que representam suas lembranças sobre determinado objeto para determinar seu conceito, mas de acordo com o pensamento concreto e sincrético. Por exemplo, "se pedirmos, que descreva uma cama, dirá que é molinha",[11] portanto, as lembranças reproduzem o objeto. Ao longo do desenvolvimento, as atividades da memória se modificam, pois ao buscar algo com auxílio da memória são mobilizados mecanismos internalizados que fazem parte da acumulação histórica de uma determinada cultura; buscar pela memória não é apoiar-se em signos externos, mas é uma atividade complexa apoiada em representações mentais, conceitos, imagens, sensações etc.

Pensamos que, nas experiências vividas pelas crianças em situações de ensino, concorrem diversos meios que têm propriedade catalisadora da memória, trazendo registros de experiências anteriores e, ao mesmo tempo, criando novos marcos que a ampliam e modificam. Nesse sentido, guarnecemos as atividades de ensino realizadas na escola com elementos mediadores de uma diversidade de interlocuções.

Interessa-nos ainda entender o papel da *imitação* no processo de aprendizagem. Na imitação a criança não repete o que vê outro fazer, mas recria a partir do que observou. A imitação é uma oportunidade para a criança realizar atividades novas, no entanto, não será possível realizar uma ação imitativa que esteja fora de sua *zona de desenvolvimento proximal* (ou imediato).[12] Cabe destacar o caráter mediador que a atividade imitativa pode ter, pois resulta da interação com o outro, criança ou adulto. A imaginação e a imitação possibilitam a transformação de situações proporcionando novas conquistas na aquisição de habilidades e conhecimentos. Lembramos que todo o mundo da cultura é produto da imaginação e da criação humana.

Para Vygotski (2011), a criação aparece desde a infância. Nas brincadeiras e nos jogos, as crianças são capazes de reelaborar experiências vividas, de modo criativo, combinando-as entre si e construindo com elas novas realidades, de acordo com os seus afetos e necessidades.

As brincadeiras e os jogos são situações pouco estruturadas, sem o controle direto dos adultos, embora algumas brincadeiras em grupos como brincar de roda, esconder, pular corda etc. tenham formas socialmente definidas. A brincadeira do tipo "faz de conta" foi discutida por Vygotski com o exemplo do cavalo de pau (um cabo de vassoura que a criança usa como se fosse um cavalo). A ação na brincadeira é definida pelas ideias e não pelos objetos; um cabo de vassoura pode ser admitido como cavalo porque possibilita que seja usado como tal, mas outro objeto já não teria esse atributo. Para o adulto, que faz uso consciente dos símbolos, qualquer objeto pode ser tomado no lugar de "cavalo", mesmo que não tenha semelhança com ele. Isso não é admitido pela criança, embora na brincadeira mude o significado das coisas, ela ainda considera suas propriedades ao admitir que possam significar "outra coisa". Como diz Vygotski, "o brinquedo e não a simbolização é a atividade da criança".[13]

No brinquedo, a criança usa objetos desvinculados de seu significado real, mas inclui também objetos e ações reais, o que caracteriza a situação de brincadeira como um estágio entre as situações da infância e o pensamento adulto.

Vygotski identifica dois paradoxos na brincadeira infantil. O primeiro é que a criança atua com um significado alienado numa situação real, ou seja, tira os objetos e as ações de seu contexto, dando-lhes outros significados, cujo sentido é dado pela brincadeira. O segundo é que ela segue o caminho do prazer, mas ao mesmo tempo escolhe os caminhos mais difíceis, submetendo-se a regras e abrindo mão de sua vontade para obter prazer no brinquedo. Ela precisa abrir mão de sua vontade ao submeter-se às regras do jogo, e o faz por prazer. "O maior autocontrole da criança ocorre na situação de brinquedo",[14] então a criança nessas situações comporta-se, muitas vezes, de modo mais avançado que sua idade.

> A regra vence porque é o impulso mais forte. Tal regra é uma regra interna, uma regra de autocontenção e autodeterminação, como diz Piaget, e não uma regra que a criança obedece à semelhança de uma lei física. Em resumo, o brinquedo cria na criança uma nova forma de desejos. Ensina-a a desejar, relacionando seus desejos a um "eu" fictício, ao seu papel no jogo e sua regras.[15]

As maiores aquisições da criança acontecem nas situações de brinquedo, nas quais ela transita entre o real e o imaginário, assumindo e mudando de papéis ao imaginar-se como motorista, policial, professor, apresentador de TV, cantor, repórter, jogador de futebol etc., aquisições essas que lhe darão a base para a ação e a moralidade na vida futura.

Atividades escolares lúdicas são, portanto, fundamentais na educação infantil. O amplo universo apresentado em histórias, animações, brinquedos, brincadeiras de roda, músicas, dramatizações, entre inúmeras outras manifestações da cultura infantil, esteve no horizonte das escolhas que fizemos ao delinear as práticas apresentadas no capítulo "Práticas de pesquisa e de ensino".

As considerações que acabamos de fazer com base em Vygotski foram referências fundamentais para entendermos as crianças com as quais interagimos durante as práticas na escola. Para compor um quadro teórico a respeito da representação do espaço e do tempo por essas crianças, buscamos outras leituras.

Os trabalhos de Jean Piaget e Henri Wallon abordam a representação do espaço e do tempo. Para eles, o espaço é uma experiência subjetiva realizada por meio da ação e do movimento. Trata-se de uma experiência inserida no contexto mais amplo e objetivo da vida em geral. Abordamos a teoria de Piaget em diversas publicações,[16] portanto vamos tratar apenas de alguns pontos que julgamos pertinentes e necessários para o entendimento da questão aqui proposta.

A CRIANÇA E A REPRESENTAÇÃO DO ESPAÇO

Para Piaget o espaço corresponde ao conjunto de relações entre os objetos que percebemos, essas relações é que estruturam os objetos, portanto, o espaço não é visto como existência física nem como qualidade dos objetos. A ideia de espaço não surge na criança de modo completo, mas sua construção, assim como a ideia de tempo, depende do desenvolvimento das estruturas mentais, desde o período sensório-motor até o operatório-formal.

Os estudos de Piaget e de seus colaboradores sobre a construção das relações espaciais pela criança tiveram a finalidade de entender a constituição da geometria objetiva do espaço.[17] Trataram, portanto, do espaço matemático: relações espaciais topológicas, projetivas e euclidianas, cuja dificuldade investigativa estava no fato de que a construção das relações espaciais ocorre tanto no plano perceptivo quanto no representativo, mas o objetivo deles era estudar o desenvolvimento do *espaço representativo*.

Já na introdução de seu livro sobre a representação do espaço, Piaget afirma que desde o início da vida há a construção de um espaço sensório-motor apoiado na percepção e na motricidade, o qual se desenvolve com a aquisição da linguagem (fala) e da representação figurada, ou seja, da função simbólica. Essa ideia estava presente de outra forma nas concepções de Kant e Poincaré:

> Kant já concebia o espaço como uma estrutura a *priori* da "sensibilidade", constituindo o papel do entendimento simplesmente em submeter os dados espaciais perceptivos a uma sequência de raciocínios suscetíveis de debitá-los indefinidamente sem esgotar o conteúdo. H. Poincaré, da mesma forma, liga a formação do espaço a uma intuição sensível e relaciona suas vias profundas sobre a significação do grupo dos deslocamentos ao jogo das sensações propriamente ditas, como se o espaço sensório-motor fornecesse o essencial da representação geométrica e como se o intelecto trabalhasse sobre o sensível já previamente elaborado.[18]

O que caracteriza o espaço perceptivo são as relações espaciais elementares, sendo que a principal é a de *vizinhança*. A partir dela se estabelecem as demais relações espaciais elementares: separação, ordem (tanto no espaço como no tempo), envolvimento e continuidade. Tanto o espaço perceptivo quanto o representativo engendram-se com base na motricidade e na linguagem.

Um ponto a destacar é que a percepção do espaço não acontece inteiramente desde o início da vida, mas passa por uma "construção progressiva" durante a fase sensório-motora, que se estende do nascimento ao surgimento da função simbólica (surgimento da fala).

Piaget divide o desenvolvimento sensório-motor em três períodos:

1º Período – do nascimento até 4-5 meses, no qual a percepção do espaço caracteriza-se pela ausência de coordenação entre visão e preensão, não havendo ligação entre o espaço visual e o tátil – sinestésico. Esse espaço caracteriza-se pela percepção do que é considerada a mais simples relação espacial – a *vizinhança*, definida como a "'proximidade' dos elementos percebidos num mesmo campo".[19] A proximidade perde importância conforme a criança se desenvolve, pois a percepção de elementos mais distantes possibilita que possam ser postos em relação. Outra relação espacial elementar é a da *separação*. Elementos vizinhos podem ser confundidos, uma relação de separação, ainda que elementar, corresponde a uma análise dos elementos que se percebem dentro de uma totalidade. Com a idade, a separação aumenta, mas isso não significa que diminua a vizinhança:

> [...] na mesma forma que os progressos da análise levam a criança a estabelecer "separações" cada vez mais numerosas entre elementos inicialmente indiferenciados, eles também levam-na à construção de figuras percebidas, a ter em conta "vizinhanças" em graus diversos e segundo zonas cada vez maiores, em vez de limitar-se às relações de proximidade imediata.[20]

35

A terceira relação elementar aparece entre elementos vizinhos e separados – é a *ordem* ou sucessão que se estabelece ao mesmo tempo no espaço e no tempo. E a quarta relação elementar é o *envolvimento*, percebida como um elemento que fica "entre" outros. Quando circunscrita a três dimensões, é dada como "interioridade", como um objeto no interior de uma caixa. A última relação elementar – relação de *continuidade* – resulta da percepção de vizinhança e de separação de elementos num campo perceptivo.

2º Período – de 4-5 a 10-12 meses, caracteriza-se pela coordenação da visão e da preensão, com o surgimento de esquemas de manipulação controlados pela visão e pela coordenação das ações entre si. A aquisição mais importante desse período é a permanência das formas e das grandezas, que pressupõem o início da organização das relações projetivas e das relações métricas.

3º período – de 12 a 16 meses. No final desse período surgem a imagem mental como prolongamento da imitação diferenciada e os indícios de representação. A função simbólica possibilita a aquisição da linguagem, de maneira que o espaço torna-se, em parte, representativo.

O espaço sensório-motor constrói-se durante os dois primeiros anos de vida. Ele vai se estruturando através da coordenação das ações e do deslocamento (motricidade). A construção do espaço representativo passa pelas mesmas etapas conquistadas no plano da ação, de maneira que as primeiras relações espaciais a serem estabelecidas no espaço representativo são as topológicas, seguidas das projetivas e euclidianas.

Nota-se que as estruturas sensório-motoras antecipam as aquisições da representação que serão conquistadas mais tarde, quando por volta de 7-8 anos[21] (período operatório concreto) o espaço representativo se estabelece mais plenamente com a coordenação das perspectivas, construção da medida, conservação de distância, de comprimento etc. Há um fator comum entre este último e a construção perceptiva – a *motricidade*. Piaget e Inhelder concluem a esse respeito:

> Em suma, constatamos, assim, que o movimento intervém não somente desde os inícios da percepção, mas ainda que desempenha um papel cada vez maior graças à atividade perceptiva.[22]

A passagem entre o *espaço perceptivo* e o *espaço representativo* foi estudada com detalhes por Piaget e Inhelder. A representação prolonga a percepção e introduz a diferença entre o significante (imagem) e o significado (pensamento). Em todos os níveis de desenvolvimento, as informações originadas pela percepção e pela imagem mental alimentam tanto a ação como o pensamento. O pensamento, por sua vez, influi sobre a percepção, a qual depende da presença do objeto, mas na representação o objeto ausente pode ser evocado pela função simbólica; além disso, o pensamento o interpreta de acordo com as estruturas cognitivas do sujeito. Pelo pensamento é possível aproximar elementos distantes no tempo e no espaço ou dissociar objetos próximos, considerando-os de modo independente.

Outra diferença entre percepção e representação é que a primeira não pode abstrair propriedades dos objetos percebidos, mas na representação é possível isolar certas propriedades necessárias para o entendimento de uma situação ou problema.

Com relação às diferenças – relativas às estruturas mentais – entre percepção e representação, Piaget assinala ainda a mobilidade do pensamento em relação à percepção, pois o sujeito pode transformar o objeto livremente em pensamento e em sua ausência, evidenciando a rigidez da percepção. Em um nível mais adiantado, as operações mentais chegam à construção de formas puras expressas por meio de símbolos, como nas operações lógico-matemáticas. Fica evidente a reversibilidade da representação frente à irreversibilidade da percepção.

Em suma, a *atividade perceptiva* é um prolongamento da inteligência sensório-motora que surge antes da representação. A percepção dos objetos implica um contato direto, *imediato*, ao passo que a representação consiste em evocar os objetos ausentes, o que prolonga a percepção ao introduzir um elemento *mediador*: um sistema de diferenciação entre significante e significado. Na percepção, vale dizer, há significantes, como os índices do próprio esquema sensório-motor, o qual lhes dá o significado. Na representação, a diferença entre os significantes (que podem ser as várias linguagens, símbolos, imagens, desenhos) e os significados (que na representação do espaço são as transformações do espaço) é evidente.

Ao realizar atividades para representar as histórias infantis usando materiais concretos e em outro momento usando figuras, criamos situações para que as crianças mobilizem o pensamento ao estabelecerem relações entre os diferentes tipos de representação.

Na busca da reconstrução do espaço representativo (dissociar a percepção e a representação), Piaget e Inhelder fizeram dois estudos, cujos resultados indicam que: crianças de 2 a 5 anos diferenciaram formas retilíneas de formas curvilíneas e também perceberam as oblíquas; entre 6-7 anos, as crianças foram bem-sucedidas na reprodução de todas as formas solicitadas; por volta de 8-9 anos são construídos a horizontal, a vertical e o sistema de coordenadas.

Em síntese, de acordo com a teoria de Piaget, a representação do espaço é uma ação interiorizada, e não simplesmente a imaginação de um dado exterior que resultou da ação. Esse processo pode ser assim resumido: inicialmente há uma atividade sensório-motriz; depois surge a ação vinculada à imaginação, esta só é possível após ter sido realizada materialmente; depois, a coordenação das ações amplia-se, o que repercute em uma coordenação interna e, mais tarde, formam-se as operações concretas que resultam dessa articulação. Com o desenvolvimento das operações, é possível chegar a um tipo de pensamento que considera vários sistemas simultaneamente, o que caracteriza as operações formais. Enfim, a construção do espaço é engendrada nos níveis perceptivo, representativo e operatório. Parece-nos que já atingimos nosso objetivo quanto à teoria de Piaget sobre a representação do espaço. Os mesmos princípios estão presentes nos estudos de Piaget sobre a noção de tempo, com a qual nos ocuparemos a seguir.

É curioso saber que os estudos de Piaget sobre o tempo foram sugeridos por Albert Einstein em um simpósio sobre Filosofia da Ciência em 1928. Ele instigou Piaget a estudar sobre o pensamento da criança a respeito do tempo e da velocidade.[23] Com esse objetivo, Piaget delineou diversos experimentos para estudar os complexos aspectos dessa relação.

Esses estudos serviram para que Piaget e seus colaboradores chegassem a algumas conclusões sobre a questão do tempo. O conceito de tempo é construído pouco a pouco e envolve a elaboração de um sistema de relações. Para o bebê, a experiência temporal é uma vaga sensação de duração, ele percebe que os acontecimentos ocorrem em sequências de antes e depois. À medida que cresce, a criança amplia sua capacidade de reter os eventos na memória, que atinge eventos mais distantes no tempo. No final do período sensóriomotor, a criança já aprendeu a ordenar seu esquema temporal em função dos eventos externos e percebe a sequência e a duração dos intervalos entre um e outro evento. Até o final do período pré-operacional, a criança estabelece as relações temporais de modo egocêntrico – centradas em suas necessidades e desejos. Alguns dados curiosos dessa fase mostram isso, como o fato de as crianças confundirem a idade com a altura: a criança mais alta é a mais velha. A passagem da idade ainda não é concebida pela criança dessa fase, ela considera que a idade é equiparada ao tamanho e que os adultos e os velhos já acabaram de crescer e, portanto, têm a mesma idade. O pensamento não é reversível, de maneira que a percepção domina e persiste a aparência atual do tamanho. A criança pode ter a ideia de duração ou de sucessão, mas não consegue coordená-las. Isso acontece no período operacional concreto, quando ocorre a coordenação da ordem da sucessão dos acontecimentos e da duração dos intervalos temporais. Essas crianças já dominam a noção de tempo medido em intervalos iguais e repetitivos, atingiram uma sequência de operações lógicas:[24]

- a seriação antes e depois ou ordenação sequencial dos eventos;
- a relação inclusiva dos intervalos, que constitui as durações;
- a coordenação das durações (intervalos entre eventos) com a sucessão desses eventos;
- o conceito de mensuração do tempo.

Piaget concluiu que o conceito de tempo depende da velocidade. Em suma, ele percebeu que as crianças pequenas lidam com o tempo no presente, mas as crianças maiores, conforme aprendem a ordenar os acontecimentos, desenvolvem uma consciência intuitiva do tempo, baseada na sucessão dos eventos e na duração dos intervalos. Os eventos podem ser relacionados com sua posição no espaço quando ocorrem em um tempo determinado, então a medida do tempo precisa ser relacionada com a velocidade. Esta é fundamental para a compreensão do tempo e a precede no desenvolvimento do pensamento da criança. Conforme conclui Pulaski:

> O tempo só pode ser medido pelo movimento dos corpos cobrindo distâncias iguais a intervalos iguais, ou seja, a uma velocidade constante. Quer se trate da oscilação do pêndulo de um relógio ou do movimento da Terra em torno do Sol, o tempo depende da velocidade.[25]

O conceito de velocidade surge na criança no período operatório concreto, mas só se estabiliza no período operatório formal, por se tratar de um conceito complexo.
Dessa maneira, Piaget respondeu às indagações de Einstein.

HENRI WALLON: ESPAÇO E CORPO

Na teoria de Wallon sobre o desenvolvimento humano, encontramos uma visão do espaço do tipo psicogenético, mas sob uma perspectiva diferente da teoria de Piaget. A visão de Wallon abrange os aspectos cognitivo, afetivo e motor integrados no meio social em que o indivíduo vive. Há uma ênfase na integração entre o organismo e o meio. O desenvolvimento tem seu início com a integração do bebê com a mãe, as reações iniciais são chamadas de *descargas motoras* e distinguem-se estados de bem-estar ou de desconforto. Assim, a dimensão motora possibilita ao organismo o desenvolvimento da dimensão afetiva. Wallon afirma assim sua concepção:

> À escala individual, a psicologia genética estuda a transformação da criança em adulto. [...]. A psicogênese do homem está ligada a dois tipos de condições, umas orgânicas, outras relativas ao meio de que a criança recebe os motivos das suas reações. O recém-nascido, na nossa espécie, é um ser ainda longe de estar concluído. As suas insuficiências motora, perceptivas e intelectuais testemunham-no. [...] Os seus prolongamentos neurofibrilares só muito gradualmente se tornam capazes de conduzir o influxo nervoso. [...]
> Aqui intervém o meio. Ele é o complemento indispensável da função. Sem ele, aquela não teria objeto e permaneceria virtual ou atrofiada.[26]

Notamos que para ele o processo de desenvolvimento está ancorado no desenvolvimento neurológico, de maneira que o amadurecimento orgânico é uma condição para o desenvolvimento. Com base nessa maturação, Wallon descreve o desenvolvimento em estágios sucessivos e integrados. Resumidamente, apresentaremos esses estágios mais adiante.

O desenvolvimento, como já foi dito, depende das condições de maturação e do meio. O primeiro estágio, também chamado de sensório-motor, caracteriza-se pelo que Wallon chamou de *ato reflexo* – a uma determinada excitação corresponde um determinado movimento. Conforme acontece a maturação do sistema neurológico, os reflexos vão dando lugar a movimentos que provocam certos efeitos já esperados. Os movimentos espontâneos vão se tornando gestos intencionais no contexto de uma cena que lhes dá significado. Então, as funções mentais surgem e se desenvolvem a partir da ação. Portanto, as funções psicológicas superiores se desenvolvem a partir das dimensões motora e afetiva, mas sempre condicionadas ao meio, principalmente o social.

A função simbólica tem um papel primordial no processo de desenvolvimento, função que consiste em encontrar para um objeto a sua representação e para esta um signo. O desenvolvimento da função simbólica acontece na vida em sociedade devido à necessidade de comunicação.

O desenvolvimento, segundo Wallon, acontece pela integração das novas aquisições às anteriores, de maneira que é pela acumulação de uma quantidade de novas aquisições que ocorre a transformação qualitativa nos níveis motor, afetivo e cognitivo. Essa integração é dinâmica e mutável.

A afetividade tem destaque na concepção walloniana. Ela corresponde à energia mobilizadora da ação; a inteligência, por outro lado, é estruturante da ação. A emoção precede o surgimento da cognição por ser um processo corporal e, por isso mesmo, pode levar a alterações proprioceptivas, prejudicando a relação com o meio (social); portanto, segundo ele, é preferível controlar as emoções para se trabalhar as funções do pensamento. Na verdade, para ele, o afetivo, o motor e o cognitivo são aspectos constitutivos da pessoa e, portanto, intimamente relacionados.

Cabe destacar o papel do meio na constituição da pessoa; seu lugar e sua importância no grupo social são determinantes de suas reações, a pessoa deve ser vista em seu contexto social, do qual é parte e no qual se constitui. O papel da cultura é, portanto, também primordial.

A noção de espaço emerge do ajustamento do movimento do corpo com a organização existente no meio. Tomando alguns estudos sobre o comportamento animal, Wallon usou o termo *intuição espacial* com base na ideia de que o movimento do organismo no meio físico estabelece certa organização e destreza espacial, a qual faz parte do sistema nervoso como uma conquista filogenética. Angel Pino considera que o termo *intuição espacial,* usado por Wallon, refere-se mais à capacidade de ajustamento à materialidade do meio do que à percepção prévia de uma realidade espacial. A intuição espacial está presente em todos os organismos que realizam movimento. Nesse sentido, Angel Pino comenta:

> As ideias de intuição espacial e de ajustamento topográfico apontam mais no sentido de uma capacidade natural dos organismos para adaptar-se à natureza extensiva das coisas do que no sentido de uma percepção do espaço ou das relações entre as coisas. Pode-se dizer, então, que o espaço é a *experiência* que um ser tem do seu movimento no meio de objetos organizados de uma certa forma. Isso faz dele um objeto da *representação*, mas não da percepção sensível. [Destaques no original.][27]

Retomando, no período sensório-motor, a criança tem interesse em jogos que proporcionem interação com outra pessoa, como esconder-se atrás de um travesseiro, pôr e tirar objetos de uma caixa etc. Essa fase caracteriza-se pelo sincretismo no qual a criança não se diferencia completamente do outro e não percebe objetos próximos isoladamente.

Na fase seguinte, chamada de *estágio do personalismo*, que vai de 3 a 5 anos, a criança toma certa consciência de si, de sua autonomia, diferenciando-se do outro. Ela começa a perceber os papéis dos membros da família e seu lugar nesse universo. Se frequentar a escola infantil, poderá perceber que as relações entre as pessoas são diferentes nesse outro grupo social, no entanto, suas necessidades ainda demandam uma atenção pessoal por parte do professor. Trata-se de um período muito delicado, em que a atuação dos pais pode levar a consequências positivas ou negativas para a formação da personalidade, conforme expõe Wallon:

> O período dos três aos cinco anos é aquele em que se constituem o que se chamou "complexos", isto é, atitudes duradouras de insatisfação que podem marcar, de maneira, não direi irrevogável, mas de maneira prolongada, o comportamento da criança nas suas relações com o meio que a rodeia.[28]

A fase que corresponde à idade escolar, denominada de *estágio categorial*, caracteriza-se pela ampliação da sociabilidade da criança e pelo raciocínio mais aguçado para aprender a escrita, a leitura e o cálculo. Sobre essa frase, Wallon comenta: "Aqui está uma etapa extremamente importante nas capacidades intelectuais e sociais da criança."[29] Do ponto de vista social, a criança se vê como participante de vários grupos de maneira interativa, ela percebe-se como indivíduo e também como membro de um grupo social (ou mais do que um, se tiver atividade em esporte, escola de língua, clube, igreja etc.), dentro do qual atua modificando-se e intervindo na relação com os outros. A importância desse aspecto pode-se ver no seguinte trecho:

> Estabelecem-se assim relações recíprocas entre o grupo e a criança. A criança pode querer entrar num grupo ou recusar-se a entrar nele, mas o grupo pode igualmente aceitar a criança ou não a acolher. E as crianças sabem muito bem manejar estas relações do grupo com o indivíduo. [...] Há tomada de consciência pelo indivíduo do grupo de que faz parte, há tomada de consciência pelo grupo da importância que pode ter em relação aos indivíduos.[30]

A fase da adolescência, iniciada com a puberdade por volta de 12 anos, Wallon caracteriza pela grande transformação fisiológica, provada pelo amadurecimento sexual e, na vida afetiva, pelos novos interesses na relação com o outro (grupos de amigos e desejo amoroso): "[...] a vida afetiva torna-se muito intensa: trata-se do que se chama ambivalência das atitudes ou dos sentimentos."[31]

O processo de socialização acontece não só pela participação em grupos sociais, o contato com diversas manifestações da cultura tem papel considerável no modo como o adolescente passa a ver-se e a ver o outro. O contato com a literatura, a música, a pintura etc. realizadas por pessoas em outros tempos e outros espaços possibilita a ampliação do processo de identificação do sujeito, que passa a ver-se como homem genérico. A visão walloniana da educação é bastante ampla, ele não se atém a premissas rígidas ou puramente metodológicas, mas busca abranger o ser humano de modo mais completo e equilibrado, enfocando os aspectos cognitivos, corporais e afetivos.

A abordagem de Wallon sobre o espaço tem especial importância para a questão que estamos tratando neste livro. Para ele, a representação do espaço está ligada fortemente ao corpo (esquema corporal, imagem corporal). O corpo encontra-se ligado ao espaço, de maneira que a atividade motora, a topografia corporal e o conceito de *esquema corporal* são fundamentais na representação espacial.

Sobre o esquema corporal, as abordagens de vários autores são discutidas por Wallon, porém sua visão a esse respeito resultou de estudos e experimentos que ele levou adiante com a colaboração de Liliane Lurçat.

Destacamos dos escritos de Wallon pontos que esclarecem suas ideias sobre a questão do corpo e do espaço. A *representação visual do corpo* é fragmentada, pois a vista não capta partes do corpo que ficam fora do campo visual, como as costas, a face e o conjunto do tronco.

> Se a vista é efetivamente o que põe no mundo das coisas uma ordem espacial exata, o que permite identificar objetivamente as suas relações e a sua estrutura, temos de concordar com as lacunas que a este respeito oferece o esquema corporal.[32]

O espaço do corpo (proprioceptivo) é distinto do espaço exterior; não é homogêneo, pois se divide em direita e esquerda, de modo que os gestos e os movimentos são orientados de acordo com esses lados, mas o movimento precisa que essa orientação se adapte ao campo visual e à natureza dos objetos (do meio). Trata-se de uma condição para o gesto, para o movimento, vinculados à experiência cinestésica e às estruturas posturais.

> O esquema corporal é uma necessidade. Constitui-se segundo as necessidades da atividade. Não é um dado inicial nem uma entidade biológica ou psíquica. É o resultado e a condição de justas relações entre o indivíduo e o meio.[33]

Em outra publicação, Wallon e Lurçat[34] tratam do espaço postural e do espaço ambiente. Consideram que o espaço ambiente é uma construção na qual intervêm diferentes fatores, as sínteses intersensoriais e interposturais começam nos primeiros gestos da criança e se desenvolvem durante os dois primeiros anos de vida; o espaço do adulto é produto dessas combinações primárias e da sensibilidade cinestésica, dos deslocamentos do corpo estreitamente unidos ao espaço ambiente onde localizamos os objetos e nos movemos. No espaço postural, intervêm o estado de equilíbrio e o estado afetivo. Consideram que o espaço postural e o esquema corporal não formam um conjunto fechado; é um todo dinâmico que pode variar em função de se estar *vis-à-vis* consigo mesmo e *vis-à-vis* com o outro e diante dos objetos.

> Dois termos estão presentes, de um lado o espaço ambiente onde se organizam as coisas e nós mesmos, de outro lado, os resultados destas sensibilidades referidas em nós mesmos e que constituem o que é chamado comumente de esquema corporal.[35]

Não há representação do espaço sem o estudo das relações entre esses dois termos, os quais se desenvolvem e se diferenciam na idade pré-escolar.

Em suma, falar sobre crianças e espaço é falar das seguintes áreas: motricidade, domínio do espaço, domínio do tempo, esquema corporal e lateralização, as quais são inter-relacionadas nos estudos sobre a construção do conhecimento espacial, sendo que o esquema corporal tem papel preponderante.

Podemos entender o esquema corporal como:

- localizar a si mesmo e as diversas partes do próprio corpo;
- localizar as partes do corpo nos outros;
- tomar consciência do eixo corporal;
- conhecer suas possibilidades de movimento;
- situar o próprio corpo no espaço e no tempo.

O conhecimento das partes do corpo implica perceber em si mesmo, bem como nos demais, detalhes cada vez maiores, como, por exemplo, sobrancelhas, pestanas e pálpebras. Isso acontece além da identificação de olhos, boca, nariz, orelhas etc. Implica também perceber que algumas dessas partes são únicas, como a boca e o nariz, porém outras são duplas, como os olhos e as orelhas. Notar que as partes duplas estão situadas em lados opostos, e que portanto, o corpo divide-se simetricamente em função de um *eixo vertical*. Sabe-se que a interiorização desse eixo e sua projeção nos outros e no espaço estende-se desde a infância até a adolescência.

Há vasta publicação sobre o desenvolvimento psicomotor, não cabendo retomá-lo aqui. Nosso foco está nas implicações "geocartográficas" dos estudos sobre o corpo e o espaço na infância. Quanto ao espaço, é necessário levar em conta os conceitos que sustentam a representação cartográfica. E, quanto ao corpo, devemos considerar sua forma e seu movimento no espaço terrestre.

Nesse sentido, um aspecto muito importante é a *verticalidade do corpo* – a forma vertical do corpo humano e seu deslocamento na superfície terrestre a partir de uma postura ortostática (própria da postura ereta), a qual influi na apreensão das informações espaciais. Esse será o tema da experiência de ensino que apresentaremos no próximo capítulo.

NOTAS

[1] Corporeidade é considerada a maneira pela qual o cérebro reconhece e utiliza o corpo como instrumento através do qual o homem se relaciona com o mundo.
[2] Gazzano, *Educación Psicomotriz 1*, Madrid, CINCEL, 1982, p. 72.
[3] Vygotski, *A construção do pensamento e da linguagem*, 2. ed., São Paulo, WMF/Martins Fontes, 2009, pp. 149-50.
[4] Veja-se o trecho: "No fundo, o que Piaget fez de novo e grandioso é muito comum e simples, como, aliás, acontece com muitas coisas grandiosas [...]. Por trás dessa verdade simples que, aplicada ao pensamento infantil, Piaget desvelou e

fundamentou com fatos, esconde-se uma ideia essencialmente simples: a ideia do desenvolvimento. Essa ideia simples deita uma luz grandiosa sobre todas as inúmeras páginas que Piaget enriqueceu de conteúdo em suas pesquisas." (Vygotski, op. cit., p. 21).

[5] Publicado no livro *A construção do pensamento e da linguagem* (op. cit.).
[6] Vygotski, op. cit., p. 64.
[7] Idem, p. 65.
[8] Idem, p. 54.
[9] Vygotski, *Pensamento e linguagem*, São Paulo, Martins Fontes, 1987, p. 132.
[10] Vygotski, *Formação social da mente: o desenvolvimento dos processos psicológicos superiores*, 2. ed., São Paulo, Martins Fontes, 1988, p. 44.
[11] Vygotski, *O desenvolvimento psicológico na infância*, São Paulo, Martins Fontes, 1998, p. 44.
[12] De acordo com Paulo Bezerra, tradutor de *A construção do pensamento e da linguagem*: "Outro conceito criado por Vigotski diz respeito ao processo de aprendizagem e chegou ao Brasil como *zona de desenvolvimento proximal*. [...] Resumindo, é um estágio em que a criança traduz no seu desempenho imediato os novos conteúdos e as novas habilidades adquiridas no processo de ensino-aprendizagem, em que revela que pode fazer hoje o que ontem não conseguia fazer. É isto que Vigotski define como *zona de desenvolvimento imediato*, que no Brasil apareceu como zona de desenvolvimento proximal (!). Por que *imediato* e não esse esquisito *proximal*? Por dois motivos. Primeiro: o adjetivo que Vigotski acopla ao substantivo desenvolvimento (*razvítie*, substantivo neutro) é *blijáichee*, adjetivo neutro do grau superlativo sintético absoluto, derivado do adjetivo positivo *blízkii*, que significa próximo. Logo, *blijáichee* significa o mais próximo, 'proximíssimo', imediato. Segundo: a própria noção implícita no conceito vigotskiano é a de que, no desempenho do aluno que resolve problemas sem a mediação do professor, pode-se aferir incontinente o nível do seu desenvolvimento mental *imediato*, fator de mensuração da dinâmica do seu desenvolvimento intelectual e do aproveitamento da aprendizagem. Daí o termo *zona de desenvolvimento imediato*." (Vygotski, 2009, pp. X-XI; destaques no original).
[13] Vygotski, *Formação social da mente: o desenvolvimento dos processos psicológicos superiores*, op. cit., p. 112.
[14] Idem, p. 113.
[15] Idem, p. 114.
[16] R. Doin de Almeida e E. Yasuko Passini, *O espaço geográfico*: ensino e representação, 8. ed., São Paulo, Contexto, 2000 (1. ed. 1989); R. Doin de Almeida, *Do desenho ao mapa: iniciação cartográfica na escola*, São Paulo, Contexto, 2001; R. Doin de Almeida (org.), *Cartografia escolar*, São Paulo, Contexto, 2008.
[17] A. M. Battro, *Dicionário terminológico de Jean Piaget*, São Paulo, Pioneira, 1976, p. 204.
[18] Piaget e Inhelder, *A representação do espaço na criança*, Porto Alegre, Artes Médicas, 1993, p. 17.
[19] Idem, p. 21.
[20] Idem, p. 22.
[21] As idades podem variar, não havendo uma idade padrão. As idades dependem da cultura e das condições sociais e afetivas.

[22] Piaget e Inhelder, op. cit., 31.
[23] Esses estudos foram publicados em dois livros: *Les Notions de Mouvement et de Vitesse chez l'Enfant* e *Le Développement de la Notion de Temps chez l'Enfant* (*A noção de tempo na criança*, Rio de Janeiro, Record, s. d.).
[24] Segundo M. A. Spencer Pulaski, *Compreendendo Piaget: uma introdução ao desenvolvimento cognitivo da criança*, Rio de Janeiro, Guanabara Koogan, 1986, p. 178.
[25] M. A. Spencer Pulaski, op. cit., p. 180.
[26] Henri Wallon, *Psicologia e educação da infância,* Lisboa, Estampa, 1975, pp. 59-60.
[27] Pino, "A categoria de 'espaço' em Psicologia", em A. Miguel e E. Zamboni (orgs.), *Representações do espaço,* Campinas, Autores Associados, 1996, p. 62.
[28] Wallon, op. cit., p. 210.
[29] Idem, p. 213.
[30] Idem, p. 215.
[31] Idem, p. 218.
[32] Idem, p. 111.
[33] Idem, p. 124.
[34] Wallon e Lurçat, *Dessin, espace et schema corporel chez l'enfant,* Paris, Les Éditions ESF, 1987. Tradução das autoras.
[35] Idem, p. 110. Tradução das autoras.

DOIS MENINOS E UM PLANETA

O que significa para a representação do espaço viver sobre a superfície de um planeta que tem a forma de um esferoide? No final do capítulo anterior, vimos que o ser humano percebe o espaço circundante a partir da postura ereta, o que lhe dá um ponto de vista centrado na face e voltado para os objetos que estão à sua frente. Isso tem grande influência nas formas como construímos a representação do espaço.

Imaginemos que estamos em pé sobre uma área totalmente aberta (como no deserto ou em alto-mar, por exemplo), veremos ao longe uma linha na qual o céu e a terra parecem encontrar-se; essa linha é chamada de *linha do horizonte*, o plano por ela delimitado é o *plano do horizonte* (Figura 1). Temos aqui os elementos básicos da construção de um sistema de representação do espaço terrestre que remonta à Antiguidade clássica e que se apoia na postura ortostática (modo relacionado à postura ereta) do ser humano. Retomar rapidamente alguns dos conceitos desse sistema ilumina essa ideia.

Figura 1 – Linha do horizonte e plano do horizonte.

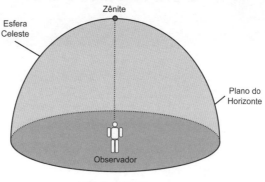

Na impossibilidade de se observar o horizonte, sabe-se que o plano do horizonte pode ser definido por meio da determinação da v*ertical do local* (Figura 2), que pode ser estabelecida pela suspensão de um fio com um peso, chamado de *fio de prumo*. Se a Terra fosse perfeitamente esférica, a direção definida pelo fio de prumo passaria exatamente pelo centro da Terra. O plano do horizonte corresponde ao plano perpendicular à vertical do local.[1]

A vertical, ao ser projetada como se fosse "furar" o céu num ponto acima da cabeça do observador, define um ponto chamado de *zênite*.

Figura 2 – (A) Vertical definida no polo, em um ponto de latitude média e no Equador. (B) Vertical de um local.

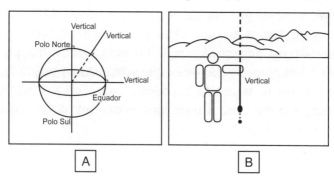

A verticalidade do corpo humano e a percepção da linha do horizonte, cremos, definem as referências espaciais básicas de toda localização. Chegamos, assim, aos eixos da representação cartográfica: a *horizontal* e a *vertical* – que sob outro sistema de coordenadas possibilita a determinação da localização no espaço terrestre, como veremos a seguir, ainda que de modo resumido, com o objetivo de assinalar a importância da postura corporal para a representação do espaço.

A localização é dada pelo sistema de coordenadas geográficas sobre as quais são medidas a *latitude* e a *longitude* de qualquer ponto. A partir dos polos, determina-se o *plano equatorial* que corta a Terra ao meio (Figura 3), dividindo-a em dois hemisférios (hemisfério norte e hemisfério sul). O círculo resultante é o *círculo do Equador*, a partir do qual são marcados os graus de ambos os hemisférios, no sentido norte e no sentido sul. O ângulo entre o Equador e o paralelo que passa pelo ponto local é a *latitude* (Figura 4), em outras palavras, definida pelo ângulo entre a *vertical do local* e o *plano equatorial*.

Figura 3 – Plano equatorial definido a partir dos polos.

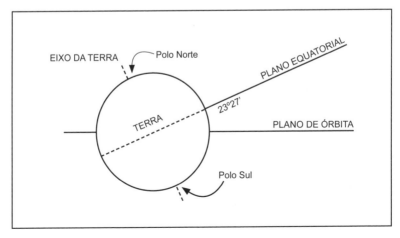

Os meridianos são linhas que vão de um polo a outro, definindo planos que são perpendiculares ao plano do Equador. Por convenção internacional, o meridiano que passa pelo Observatório de Greenwich, perto de Londres, foi escolhido como meridiano inicial, ou seja, a partir dele é medida a *longitude*, a qual varia de 0° a 180°, para leste e para oeste desse meridiano. A longitude de um lugar é o ângulo entre o plano do meridiano que passa pelo lugar e o plano do meridiano de Greenwich (Figura 4).

Figura 4 – Latitude e longitude.

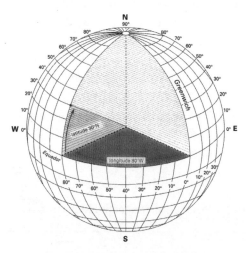

Fonte: Publicação IPT n.1773 (modificada)

Podemos agora perguntar: como a *noção de vertical de um lugar* é adquirida? Trata-se de um processo longo que culmina com o final da escolarização, pois o sistema de coordenadas é complexo, formado por uma rede de conceitos matemáticos e geográficos. Lembremos as experiências relatadas por Piaget e Inhelder[2] sobre a gênese das coordenadas, experiências que mostram as dificuldades de situar a vertical e a horizontal em um sistema de referência local. Os estudos desses autores sobre a vertical e a horizontal elucidam a questão que estamos discutindo.

O experimento que mais nos interessa foi realizado com uma montanha de areia, em cima da qual as crianças deveriam espetar postes, árvores e casas. Em um segundo momento, elas desenharam a montanha com esses objetos espetados. Por meio de diversas técnicas combinadas de questionamento, segundo o método clínico por eles desenvolvido, Piaget e Inhelder concluíram que crianças menores de 5 anos geralmente desenham as árvores e os postes na borda da montanha por não perceberem os planos vertical e horizontal. É por volta dessa idade que algumas crianças passam a desenhar os postes e árvores perpendiculares ao flanco da montanha. Crianças maiores já plantavam devidamente as árvores e os postes, mas não o faziam ao desenharem, conservando a vertical em relação ao flanco inclinado da montanha, e não ao plano horizontal (Figura 5).

Figura 5 – As árvores estão perpendiculares ao lado inclinado da montanha.

Fonte: Piaget e Inhelder, 1993: 401.

A construção da vertical e da horizontal foi objeto de uma análise mais detalhada por parte desses autores. Eles percebe-

55

ram que, embora as crianças identificassem as coordenadas oralmente, elas não as representavam no desenho. Quando desenhavam, as crianças se limitavam a traçar cada objeto isoladamente, situando-os segundo relações topológicas, não estabeleciam relações com objetos distantes, de maneira que estava ausente um sistema de coordenadas que englobasse o conjunto dos elementos. Segundo eles,

> um sistema de coordenadas é, portanto, produto de uma multiplicação lógica das relações de ordem, com intervenção das retas, das distâncias, das paralelas e dos ângulos, segundo n dimensões. Vê-se que um sistema de eixos de coordenadas supõe, além das relações topológicas elementares, o conjunto das noções euclidianas aplicadas ao relacionamento de todos os objetos entre si, quaisquer que sejam sua proximidade ou distanciamento: é, portanto, a estruturação de conjunto do espaço euclidiano que constitui tal sistema, e é por isso que sua construção é tão tardia.[3]

Lembramos que a estruturação do espaço euclidiano, que se estabelece de modo solidário ao espaço projetivo é atingida na adolescência.[4]

Sob essa perspectiva, poderia ser questionável pensar em atividades sobre a esfera terrestre com crianças das classes de educação infantil, uma vez que a forma da esfera rompe a possibilidade da projeção no espaço dos eixos a partir dos referenciais do esquema corporal. Ora, é justamente esse o ponto que nos levou a questionar se, de fato, a representação da Terra não seria possível por crianças menores. Nossa indagação apoia-se na possibilidade de deslocar o foco da representação espacial para o âmbito do corpo e da linguagem, ampliando o aporte piagetiano, assumindo uma dimensão que integre outros canais além do intelectual (e observar como isso acontece).

Consideramos também que a imagem da Terra aparece fartamente em diferentes meios, não sendo uma novidade para crianças de nosso tempo. Restava-nos saber como propor uma atividade para atingir nosso objetivo.

Como tínhamos o compromisso de situar as atividades no universo da infância, buscamos na literatura infantil um texto sobre um planeta imaginário. Encontramos o livro *A Pirilampeia e os dois meninos de Tatipurum*, de Joel Rufino dos Santos (2003). Planejamos uma sequência didática composta por três atividades: a) rememoração da história com uso de material tridimensional; b) representação com colagem de figuras bidimensionais; c) desenho do planeta e dos personagens da história. Com base nos registros das aulas, produzimos uma narrativa que, em parte, apresentamos a seguir.

>Iniciamos a aula pedindo às crianças que observassem a capa do livro, depois elas acompanharam a narração da história. Apresentamos os personagens Fulaninho e Sicraninho, que se distinguem um do outro pela cor do chapéu: Fulaninho usa chapéu azul e Sicraninho, verde. Eles moravam no planeta Tatipurum. Fulaninho morava num lado e Sicraninho, no outro. Eles não tinham muito que fazer. Fulaninho vivia pegando formigas que botava na palma da mão. Depois, assoprava as criaturinhas para o espaço. Sicraninho brincava de cuspir à distância. Cada vez, ele tentava cuspir mais longe. Um dia, ele cansou da brincadeira, esticou o pescoço e gritou para o Fulaninho: "Ei, garoto! Você gosta de ficar de cabeça pra baixo?".
>Durante a leitura desse trecho, algumas crianças riram e olhavam curiosas as ilustrações. Foi nesse momento, que "quem está de cabeça para baixo" apareceu como o conflito central da história. Por exemplo, Renata perguntou:
>– Cadê ele de cabeça para baixo?
>– Ele está dizendo que ele está de cabeça para cima e que o outro está de cabeça para baixo. Vamos ver quem está de cabeça para baixo e de cabeça para cima – respondemos, continuando a leitura. – "Então, o outro disse: quem está de cabeça pra baixo é o senhor. Eu estou de cabeça pra cima".

Para provar que não estava de cabeça para baixo, Fulaninho plantou uma árvore chamada de Jameleira. Quando viram a figura do planeta Tatipurum com a árvore de cabeça para baixo, as crianças pediram para virar o livro, de forma que a ilustração da Jameleira ficasse na vertical e com a copa da árvore para cima. Continuando a história, Sicraninho fez um balão, se ele estivesse de cabeça para baixo o balão não subiria. O balão subiu e os dois meninos começaram a brigar. Pirilampeia, uma espécie de cigarra do planeta Pirilampeu, queria saber por que os dois garotos brigavam e, ao perceber do que se tratava, explicou da seguinte forma: "Eu que venho do espaço posso pousar do lado do Fulaninho. Aí, Sicraninho está de cabeça pra baixo." Pirilampeia disse que no espaço não existia parte de cima nem parte de baixo e pediu para que os meninos trocassem de lados, o que foi aceito por eles. Pararam de brigar e passaram a ir de um lado para o outro.

Quando terminamos de contar a história, os alunos conversaram livremente. Depois sugerimos que brincassem de contar a história usando objetos semelhantes às figuras do livro, como uma bola de isopor verde e as figuras dos seguintes elementos: Pirilampeia, Sicraninho, Fulaninho, Jameleira e balão.[5]

O desafio posto para as crianças era a localização sobre a esfera, cuja forma não possibilita a projeção imediata do corpo, já que não apresenta os referenciais esquerda/direita e frente/atrás. Liliane Lurçat[6] estudou diversas situações nas quais as crianças projetavam referenciais em objetos cuja forma não se encaixa na designação dos referenciais do esquema corporal. Os referenciais em cima e embaixo de uma garrafa, por exemplo, foram nomeados por meio do seu uso, sendo que a parte de cima e da frente se confundiam, pois foram designadas em função da boca por onde o líquido é despejado.

Vamos nos deter nos registros das enunciações, principalmente nas falas das duas alunas que participaram de todas as aulas dessa atividade, o que nos assegura a possibilidade de um tempo mais longo para a apropriação dos conhecimentos em questão.

Iniciaremos com Fernanda. Ela situou todos os elementos em uma parte da esfera, como se todos estivessem no mesmo ponto ou em uma mesma linha vertical. Parece-nos que ela projetou o eixo vertical nos elementos de tal forma que ficassem "de cabeça para cima" quando a esfera estivesse apoiada na mesa, de maneira que a superfície da mesa serviu de base para a localização tanto da esfera quanto dos elementos sobre ela (Figura 6).

Figura 6 - *A Pirilampeia e os dois meninos de Tatipurum*, por Fernanda (4,4).[7]

O segundo exemplo é o trabalho de Renata. Ela afirmou que tinha colocado os personagens um de cada lado "porque gostavam daquele jeito". "Este aqui e aquele ali" – reforçou.

Renata posicionou os elementos da história afastados um do outro, semelhante à ilustração do livro, com a Jameleira e o balão (Figura 7), mas ela não os situou em pontos opostos. Aqui podemos dizer que se trata de aprendizagem por imitação.[8] Embora a esfera mobilize noções espaciais mais avança-

59

das, com a mediação de um adulto ou do grupo, Renata aproximou o conhecimento espacial que já dominava e as enunciações dos outros, mobilizando seu pensamento para uma solução cabível, mesmo que esta tenha ficado como imitação de uma resposta dada por outro. Dessa forma, podemos dizer que se amplia o que Vygotski chamou de *zona de desenvolvimento imediato*.

Figura 7 – A *Pirilampeia e os dois meninos de Tatipurum*, por Renata (4,7).

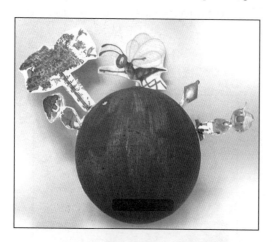

Na semana seguinte, realizamos outra atividade com o objetivo de levar os alunos a fazerem uma representação em material bidimensional. Para iniciar, narramos mais uma vez a história com o auxílio dos materiais já usados: uma bola de isopor e os elementos da história (os personagens, o balão e a árvore). Em seguida, distribuímos um círculo de papel para as crianças colorirem com giz de cera verde, indicando que era o planeta Tatipurum e, depois, o colarem em uma folha A3.

Os alunos foram posicionando as figuras na folha de modo correspondente às imagens do livro. Agrupamos a produção dos alunos (12) da seguinte forma:

- três colaram os elementos ao redor do círculo, mas afastados dele e em posição aleatória;
- outros três colaram os elementos mais próximos ao círculo e em lados opostos, mas não em pontos opostos;
- seis alunos colaram os meninos em lados opostos e junto do círculo com os demais elementos em posição correspondente, sendo que duas crianças colaram os personagens em pontos opostos em relação ao contorno do círculo.

Percebemos, então, que na atividade de colagem as crianças posicionaram bem os elementos, embora nem todos tenham definido pontos diametralmente opostos para situar os personagens. Certo conhecimento a esse respeito já estava presente durante a atividade, pois quando afirmamos que o círculo se tratava do planeta de Sicraninho e Fulaninho, o Tatipurum, Renata perguntou: "Mas tem o planeta Terra. Não tem uma música do Planeta Terra?" – cantando um trecho da canção.

Entendemos que Renata, a partir do imaginário do livro, estabeleceu relações entre o planeta Tatipurum e o planeta da música. Parece-nos que Renata fez um tipo de associação que Vygotski denominou de pensamento por complexos, que é uma fase no sentido do domínio dos conceitos. O pensamento por complexos se baseia no "vínculo associativo entre elementos concretos particulares",[9] vínculo que se deu por meio da enunciação da palavra "planeta", o que não nos autoriza a inferir que o conceito de planeta já era dominado por Renata; no entanto, um de seus atributos (a forma esférica) ela já sabia. Temos outros detalhes no seguinte trecho da narrativa.

No decorrer da atividade, observamos que Renata posicionava as figuras dentro do círculo e Fernanda, ao redor do círculo. Depois, Renata colou Fulaninho e a Jameleira em posição oposta ao Sicraninho e o balão, e a Pirilampeia entre eles (Figura 8). Renata explicou o porquê de ter colocado a Jameleira perto do Fulaninho e o balão do Sicraninho:

– Porque o Sicraninho fez o balãozinho. O Fulaninho fez a Jameleira.

Figura 8 – *A Pirilampeia e os dois meninos de Tatipurum*, por Renata (4,7).

Fernanda também colou os meninos em pontos opostos, mas trocou o lugar da Jameleira com o do balão. A Pirilampeia foi colada entre os meninos, perto do Sicraninho (Figura 9).

Figura 9 – *A Pirilampeia e os dois meninos de Tatipurum*, por Fernanda (4,4).

A respeito desses dois casos, consideramos o seguinte: 1) as crianças posicionaram os personagens em pontos opostos; 2) as figuras foram fixadas próximas à linha do círculo, que corresponde à superfície da esfera; 3) a Pirilampeia foi colada entre os meninos, mas deslocada da linha do círculo, possivelmente para mostrar que veio do espaço. Podemos pensar em aprendizagem por imitação, pois os personagens foram colados de modo muito semelhante às figuras do livro. Podemos pensar também que o contorno do círculo serviu como *linha de base* para situar os personagens e a Pirilampeia.

Na terceira parte da atividade, as crianças foram convidadas a fazer um desenho em uma folha em branco, como um registro para contá-la às pessoas que não a conheciam. Entre 11 trabalhos, encontramos 7 com áreas preenchidas com uma ou mais cores. Três entre esses desenhos traziam uma delimitação com linha curva. Por terem delimitado uma área, podemos considerar que tinham a noção de que o planeta Tatipurum é algo sólido e arredondado, o que procuraram representar por imitação.

Outras três crianças desenharam algo esférico e personagens distribuídos na folha de papel. Apenas uma criança (Renata) desenhou o planeta e dois personagens bem posicionados para indicar que ficavam *sobre* o planeta. Renata foi a única criança que participou de todo o período da pesquisa, sendo uma aluna assídua. Em nossos registros, notamos que sua participação nas aulas era constante. Veja-se o trecho da narrativa:

> Durante essa atividade, quando alguém disse a palavra "Tatipurum", perguntamos o que era e Renata respondeu:
> – A bola – disse, fazendo o gesto do contorno de um círculo em sua mesa.
> – O nome da nossa história é *A Pirilampeia*... (pausa). Vocês lembram quem era a Pirilampeia? – perguntamos.
> Renata fez um gesto com as mãos que simulava as asas da Pirilampeia e perguntamos se essa personagem tinha asas e as crianças responderam que sim. Enquanto pegavam giz e se organizavam para fazer o desenho, perguntamos:

- O que vocês vão desenhar?
- O Tatipurum – Renata respondeu.
Minutos depois, Renata, fazendo movimentos circulares com o giz de cera verde na folha, disse:
- Estou fazendo o Tatipurum.
Enquanto desenhavam, diziam o que desejavam desenhar, como se antecipassem sua ação e intenção gráfica. Renata perguntou sobre a cor da roupa de um dos personagens, o Sicraninho, com o intuito de realizar um desenho semelhante ao do livro. Enquanto desenhava, Renata falava sobre as partes do corpo dos personagens:
- Já fiz o pezinho, agora falta a cabeça.
Ao terminar seu desenho, Renata disse que havia feito "os dois amigos no planeta", referindo-se aos personagens Fulaninho e Sicraninho e ao planeta Tatipurum. Enquanto falava sobre seu desenho, afirmou:
- Esqueci de fazer a mão.
- Quer fazer a mão? – sugerimos a ela.
- Quero – respondeu.

Renata desenhou duas figuras humanas, compostas por cabeça (com cabelos, olhos e boca), tronco, braços (com mãos) e pernas (com pés) (Figura 10). Nesse desenho, notamos a *verticalização* da figura humana, qualidade relativa ao esquema corporal. Segundo afirma Greig,[10] "o desenho da personagem evolui normalmente para a constituição de seu corpo e de sua progressiva conformação à realidade do esquema corporal". O desenho das figuras humanas feito por Renata compõe-se de unidades separadas: cabelo, cabeça, tronco, mãos e pés, o que nos remete às noções de espaço e fronteiras na criação de um *equivalente* para a representação gráfica.[11]

É importante esclarecer que *equivalente* é um termo utilizado para designar o elemento gráfico criado para representar o objeto real e apresenta certas propriedades desse objeto, isso porque está baseado em uma determinada convenção que estipula com frequência o que deve ser ou não incluído. Assim, algumas fronteiras entre os elementos representados em um desenho são invioláveis, por exemplo, a cabeça do personagem – desenhado por Renata – representada por uma forma fechada e colorida de cor diferente de outras partes do desenho.

Figura 10 – Os dois amigos no planeta. Desenho realizado por Renata (4,7).

Nos trabalhos de Renata, percebemos que os personagens foram situados afastados um do outro e em lados opostos desde o início. A mesma relação espacial aparece em sua colagem. No desenho, ela foi a única criança que situou os dois personagens em posição próxima à superfície do planeta.

É curioso observar, ao terminar a sequência da atividade sobre o planeta Tatipurum, a importância da *linha de base* para a localização. Segundo Jaqueline Goodnow, "a linha de base adotada é a linha imediatamente adjacente e não um outro ponto distante que requeira uma capacidade mental em relacionar uma coisa com a outra".[12] A linha de base utilizada pelas crianças correspondeu ao contorno do Tatipurum quando usaram a esfera de isopor e também quando fizeram a colagem sobre papel. No desenho livre, no entanto, elas depararam-se com a ausência de uma forma antecipadora para situar os elementos, o que, provavelmente, as levou a imitar a "massa" do planeta com rabiscos dentro de um contorno amorfo (com exceção de Renata), mas que não lhes auxiliou para incluírem os demais elementos da história. Pensamos também que esse não era o foco principal para elas, mas apenas registrar algo que lhes parecesse com a ideia criada em sua imaginação.

Ainda queremos destacar outra questão. A atividade mostrou-nos a importância de compreender como as crianças lidaram com representações sobre a esfera. Isso porque, conforme já dissemos no início, a esfera introduz algumas noções que serão exploradas em anos posteriores em Geografia e Cartografia, mas que podem ser apresentadas desde a educação infantil, desde que no contexto do imaginário infantil, tornando-se parte do repertório que será evocado quando entrarem em contato com temas sobre a Terra e seus movimentos.

Lembramos que os referenciais em cima e embaixo em nosso planeta surgem em função do plano do horizonte e que este se define pela vertical, e, detalhe importante, a postura de nosso corpo é vertical. Portanto, ao situar o planeta no papel, as crianças situaram também os personagens sob uma relação topológica (um em relação ao outro), mas com apoio na verticalidade do corpo dos personagens, de maneira que a mediação dada por esse fato foi suficiente para criar uma relação espacial coerente, embora não se apoiassem *explicitamente* no "conjunto das noções euclidianas" da maneira como Piaget e Inhelder haviam suposto. Dizemos "explicitamente" porque nos parece que a vertical e a horizontal estão aí implícitas. Nossa indagação a respeito do papel do corpo e da linguagem na representação do espaço parece-nos pertinente. A experiência corporal das crianças no espaço aliada às interlocuções e formulações possibilitadas pela fala no contexto cultural em que vivem consistem nos elementos mediadores primordiais (e principais) da representação do espaço.

NOTAS

[1] Sobre esse assunto ver Boczko (1984).
[2] Piaget e Inhelder, *A representação do espaço na criança*, Porto Alegre, Artes Médicas, 1993.
[3] Piaget e Inhelder (1993: 436).
[4] Ver Almeida (org.) (2010).
[5] Esse material foi copiado do livro *A Pirilampeia e os dois meninos de Tatipurum* e reproduzido.
[6] Lurçat (1979).
[7] Idade da criança, onde o primeiro número indica o ano e o segundo o mês
[8] Vygotski (2001: 112).
[9] Vygotski (2009: 186).
[10] Greig (2004: 60).
[11] Segundo Goodnow (1979).
[12] Goodnow (1979: 156).

O QUE EXISTE EMBAIXO DA CAMA

Neste capítulo, iniciamos um tema de primordial importância para a representação espaço-tempo: os eixos de orientação espacial, os quais são os referenciais internos e externos de toda localização e orientação. Aqui, o eixo em cima/embaixo será o tema principal. Antes, porém, será conveniente retomar o papel do corpo para a organização espacial.

A criança atua e se relaciona com os outros no espaço e no tempo da experiência direta. Pode-se distinguir um *espaço próximo* referido no corpo e que se organiza em função dele, associado à linguagem que designa o espaço (nomeia) e juntamente o qualifica e valoriza (como agradável, confortável, proibido, perigoso...). Há, todavia, um espaço e um tempo não tangíveis, que para as crianças vão se delineando, a partir das falas dos adultos, das histórias, da TV etc., como uma dimensão da existência fora de seu campo de ação direta, onde não estiveram corporalmente. Trata-se de um espaço e de um tempo não só distantes e globais, mas também inacessíveis.

A manipulação e experimentação corporal criam condições para a interiorização de uma organização espacial e temporal dada pela cultura no grupo social ao qual a criança pertence. A formação dos conceitos espaciais, que tem aí sua fonte original, pressupõe uma contínua abstração e transformação desse conhecimento, sendo sua *expressão* um elemento-chave nesse processo, expressão que se manifesta por meio da fala, dos gestos, do movimento e das produções gráficas. Hoje, desde bem pequenas as crianças entram em contato com recursos gráficos ao verem os adultos lendo, escrevendo (ou digitando), o que as estimula a imitá-los. Todas as formas de manifestação do pensamento espacial são, ao mesmo tempo, *mediadoras* da contínua transformação desse conhecimento. Portanto, a escolha do material e a proposta da atividade que apresentaremos adiante se apoiaram nesses pressupostos.

Encontramos nos estudos de Henri Wallon e Liliane Lurçat uma contribuição significativa que fundamenta a importância do corpo na representação do espaço. Os estudos realizados por esses autores datam da década de 1970 e ampliam os conhecimentos já estabelecidos sobre a importância das relações entre o corpo e o espaço escritos nas décadas anteriores. Segundo Wallon e Lurçat, a representação do espaço pela criança vai se estabelecendo apoiada em objetos fixos que são por ela tomados como referências, antes mesmo de construírem um esquema corporal dissociado de seu próprio corpo. A dissociação do esquema corporal do próprio corpo ocorre com o desenvolvimento da linguagem, da fala, por meio da qual a criança pode projetá-lo sobre os objetos, designando o que está à frente, atrás, de um lado ou de outro. Os objetos, ao serem nomeados (o que pressupõe sua conceitualização), estruturam o espaço que os circunda. Os objetos tornam-se um ponto no espaço em que se encontram como num "mapa" local cujas direções podem ser dadas pela polaridade do esquema corporal: acima/abaixo, à esquerda/à direita, à frente/atrás.

Os diversos "mapas" resultantes das atividades e movimentos da criança no espaço se interseccionam, sobrepondo-se e distanciando-se do "mapa" ligado ao próprio corpo, originando conflitos, geralmente no plano linguístico, isto é, no uso da terminologia espacial como, por exemplo, o que está à frente de um objeto pode estar ao lado de outro;

além disso, os deslocamentos do corpo alteram a projeção da polaridade e a designação do lugar tanto dos objetos quanto da própria criança.[1] Podemos perceber, então, que *localização* – função primordial dos mapas – inicia-se com a aquisição da fala, nos primeiros anos de vida, pelo uso de termos relativos aos usados para o corpo, quando desejamos dizer onde algo está.

A manipulação dos objetos cria neles as condições de referência, por exemplo, ao vestir um agasalho, a criança não sabe que tem uma manga direita e outra esquerda, ela serve-se das mãos antes de nomeá-las e de reconhecê-las. Outro exemplo, a criança pode ir a um lugar familiar, sem saber o caminho percorrido. Portanto, para os autores citados, "a referência não é redutível a suas bases práticas ou a suas condições verbais: é consequência de sua conexão, e só é eficaz quando ambas se fundem".[2]

Os referenciais podem ser objetivos ou subjetivos, os primeiros independem da posição do sujeito, sendo absolutos como é o caso do eixo acima/abaixo, pois todos os objetos possuem uma parte superior e outra inferior. Esse par de referenciais é estabelecido, a nosso ver, em função da Terra, que, embora seja um esferoide, é percebida como uma superfície, em relação à qual se estabelece o eixo acima/abaixo. Em função desse eixo, os objetos e seres que existem no planeta apresentam um lado superior e outro inferior. A superfície terrestre tem como limite o *plano do horizonte*, este, no plano bidimensional do espaço gráfico, sugere o traçado de uma *linha de base*. Quando uma criança faz uma linha no papel e desenha sobre ela uma árvore, uma casa ou outra coisa, já estabelece uma referência (um eixo) que funciona como um elemento organizador, em função do qual os demais elementos são situados.

Os referentes subjetivos como direita/esquerda e frente/atrás são relativos à posição do sujeito, mas podem tornar-se objetivos quando designam uma relação com objetos fixos, por exemplo, na frente da janela. Então, o meio ambiente é composto por campos acoplados de dois em dois: esquerda/direita e frente/atrás. A criança percebe esquerda/direita simultaneamente, mas frente/atrás não. A passagem de um para outro supõe uma conversão do próprio corpo em relação às direções no espaço, de maneira que o campo espacial do ambiente é organizado em função do corpo e de sua mobilidade. Vimos, portanto, que o ambiente é organizado a partir dos referenciais corporais.

Quanto aos objetos, sua organização espacial depende de seu uso ou de sua forma. Se o objeto estiver de frente para uma pessoa, a projeção do esquema corporal pode ocorrer de três maneiras distintas: por translação, por rotação e por reflexão. A translação ocorre quando a frente do sujeito coincide com a frente do objeto, conforme mostra a Figura 11. É como se o sujeito deslocasse para o objeto os eixos de seu próprio corpo. Por exemplo, se o sujeito estiver na frente da parte traseira de um automóvel, seu lado esquerdo e o do automóvel estarão alinhados, para entrar no veículo pela porta esquerda o sujeito terá apenas que se deslocar nessa direção.

Figura 11 – Projeção do esquema corporal por translação.

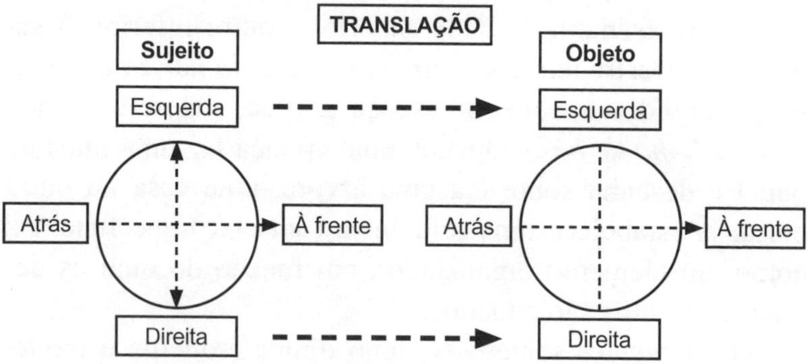

Fonte: Lurçat, 1979: 8 (adaptado).

A rotação ocorre quando a frente do sujeito está voltada para a frente de um objeto, conforme a Figura 12. Por exemplo, se o sujeito estiver de frente para um automóvel, seu lado esquerdo estará do lado direito do automóvel, e, para entrar pela porta direita, o sujeito terá que dar a volta em seu corpo (fazer uma rotação).

Figura 12 – Projeção do esquema corporal por rotação.

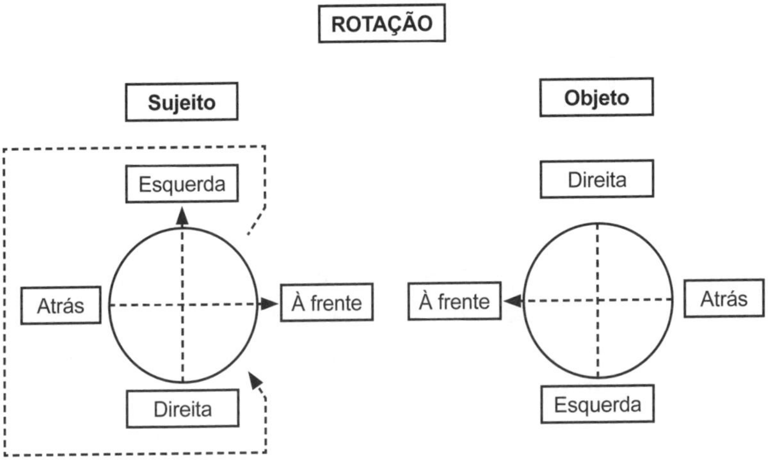

ROTAÇÃO

Sujeito		Objeto
Esquerda		Direita
Atrás — À frente	À frente — Atrás	
Direita		Esquerda

Fonte: Lurçat, 1979: 8 (adaptado).

Ocorre uma projeção por reflexão quando sujeito e objeto estão frente a frente, conforme vemos na Figura 13. Por exemplo, a lateralidade do sujeito define a do objeto pelo uso, esse é o caso de uma mesa, cuja frente corresponde à frente do sujeito, o eixo direita/esquerda se estabelece como reflexo desses lados do sujeito.

Figura 13 – Projeção do esquema corporal por reflexão.

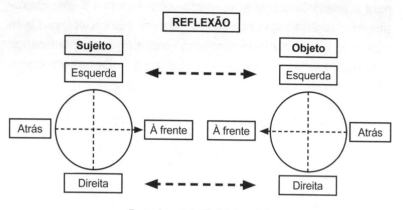

Fonte: Lurçat, 1979: 8 (adaptado).

Quanto à lateralidade nos animais, a projeção se faz a partir da frente, a qual direciona o eixo direita/esquerda, uma vez que o corpo deles guarda certa analogia com o corpo humano, pois o corpo dos animais pode ser dividido em cabeça, tronco e membros.

Nos objetos que têm uma forma adaptada ao corpo humano (antropomórficos), a projeção se faz da mesma maneira, esse é o caso do automóvel. Quando um objeto não tem uma frente definida, por exemplo, um copo, os lados são estabelecidos pelo uso, sendo que, nesse caso, a frente e a parte de cima coincidem.

Concluímos que a projeção do esquema corporal nos objetos e no espaço circundante tem grande importância na definição dos referenciais de localização. O eixo em cima/embaixo é considerado universal, pois todos os objetos apresentam um lado superior e outro inferior, quando relacionados com a superfície terrestre.

Com esses fundamentos, desenvolvemos uma atividade de ensino com base no livro *Debaixo da cama: uma viagem ao centro da Terra*, de Mick Manning e Brita Granström (2007).

Em resumo, a história traz algumas hipóteses para responder à pergunta: "O que tem debaixo da cama?". Algumas respostas são: tem poeira, tem tábuas do assoalho, debaixo das quais tem canos e fios; também pode ter camundongos, minhocas e outros bichos, como formigas. Abrindo um leque mais complexo, as repostas sugerem que pode ter argila, bem como ossos deixados por gente que viveu há muito tempo. Pode ter um túnel com trem barulhento. Pode ter fósseis, mina de carvão, pedras preciosas. E, finalmente, o centro da Terra, que é formado por metal líquido.

Após a leitura da história, as crianças tiveram três momentos de atividade: inicialmente, elas manipularam miniaturas dentro de uma casa de brinquedo de três andares; depois, realizaram um desenho sobre a história; e, por último, realizaram colagem de figuras de objetos que ficam em cima ou embaixo da cama; em cima ou embaixo do chão. Narramos a seguir trechos registrados durante a atividade.

> No início, enquanto as crianças manuseavam uma miniatura de cama, perguntamos o que havia embaixo da cama delas. Uma das crianças respondeu prontamente que seu irmão dormia em um berço e que depois passou a dormir com ela em uma "cama mais baixa" (cama-beliche). Fábio disse que também dormia em uma cama daquele jeito.
> – Quem dorme em cima?
> Respondeu o nome do irmão e disse que dormia embaixo.
> – E o que tem embaixo da sua cama?
> – Sapato.
> – O que mais?
> – Tênis.
> – E embaixo do tênis?
> – Mais tênis.
> – Gatinho – Luisa respondeu.

Colocamos no mural a palavra "gatinho" embaixo da figura de cama e dissemos que na história existiam as tábuas do assoalho embaixo da cama. Assim, colocamos uma figura de assoalho embaixo da figura de cama.

– O que tem embaixo da cama, do gatinho e do assoalho? – perguntamos, apontando para os elementos colocados no mural.

Como permaneceram em silêncio, perguntamos de forma mais direta:

– O que tem embaixo do chão?
– Nada – Fábio disse.
– Não tem nada? – Luisa questionou.

As crianças pareciam pensativas, então procuramos mostrar objetos mais próximos da realidade imediata delas.

– Aqui na sala, temos o piso. O que será que tem embaixo deste piso?

Todas as crianças olharam para o chão, algumas o tocaram e uma delas disse:

– Massa – Jaqueline disse.
– Que massa? – perguntamos.
– De cimento – Jaqueline respondeu.

Colocamos a palavra "cimento" embaixo da figura de assoalho e contamos que no livro dizia que "embaixo das tábuas do assoalho, tem canos e fios e até um ninho de camundongos". E colocamos uma figura de canos ao lado da palavra "cimento". Em seguida, surgiu uma discussão sobre as noções de em cima e embaixo:

– O que tem embaixo da cama, do assoalho, do gatinho, dos canos e da massa de cimento? O que será que tem embaixo de tudo isso?

– Piso – Luisa disse.
– Mas, o piso não era aqui? – dissemos, indicando o assoalho no mural.
– Rato – algumas crianças disseram.
– Rato não tem embaixo da massa de cimento – Jaqueline contestou.

— E o que tem embaixo da massa de cimento? — perguntamos.
— Tem um quadrado — Jaqueline respondeu.
— Que quadrado? — perguntamos.
— Este — Fábio disse, mostrando o espaço entre os pisos do chão da sala.
— Mas, este é o cimento. E, embaixo dele? — dissemos.
— Água — Luisa disse.
Anotamos a palavra "água".
— O piso vai em cima do cimento — Jaqueline disse.
— Vamos descobrir o que pode ter embaixo do cimento? — perguntamos.
— O piso — Jaqueline disse.
— O piso está em cima ou embaixo do cimento? — perguntamos.
— Em cima — respondeu.

Abrimos o livro e mostramos que na história os personagens descobriram que "embaixo dos canos e dos fios tem o solo cheio de raízes". Fixamos no mural a figura de um solo com raízes.

— O que tem embaixo da cama, do assoalho, do gatinho, dos canos, da massa de cimento e do solo com raízes? — indicando cada elemento presente no mural.

Como as crianças permaneceram em silêncio, procuramos trazer suas memórias relacionadas à questão:
— Quando vocês cavam a terra, acham algumas coisas?
— Cobra — Luisa respondeu.
— Sol — Fernanda disse.

Ao ouvirmos essa resposta, lembramos que em algumas observações feitas nas atividades cotidianas da escola, essa aluna, por diversas vezes, nos chamava para mostrar que havia encontrado o Sol, referindo-se à luz do Sol projetada na areia.
— Tem areia na terra — Jaqueline disse.
— Minha casa é cheia de formiga — Sofia disse.
— Onde as formigas vivem? — então, perguntamos.
— Vivem na terra — ela nos respondeu.

Mostramos que o livro dizia que embaixo do solo com raízes havia formigas e perguntamos:

– O que tem embaixo da cama, do assoalho, do gatinho, dos canos, do nada, da massa de cimento, do solo com raízes e da colônia de formigas?

– Tem mais terra – Jaqueline nos respondeu.

– Tem um tipo de terra que é a argila, que muitas pessoas usam para fazer pratos e artesanatos – respondemos com apoio nas figuras do livro.

– O que tem embaixo da cama, do assoalho, do gatinho, dos canos, da massa de cimento, do solo com raízes, da colônia de formigas e da argila?

Algumas crianças falaram as palavras "terra" e outras, "água": "Tem água também! Água que sai e que fica na terra." Anotamos essas palavras no mural. Mostramos que no livro dizia que poderia ter um túnel por onde passaria o trem e algumas crianças relataram o fato de terem passeado de trem.

– O que tem embaixo da cama, do assoalho, dos canos, do solo com raízes, da colônia de formigas, da argila e do túnel? – insistimos.

– Osso – Luisa respondeu.

– Osso de quem? – perguntamos.

Algumas crianças responderam que havia ossos do cachorro. Anotamos a palavra "osso" e a colocamos no mural. A partir dessa palavra, mostramos que a história dizia que podia ter fósseis de dinossauro.

– Lá embaixo tem um fóssil de dinossauro enterrado com muitas e muitas pedras.

Depois, retomamos todos os elementos elencados: assoalho, canos, solo com raízes, colônia de formigas, argila, túnel e ossos.

– O que tem embaixo da cama, do assoalho, dos canos, do solo com raízes, da colônia de formigas, da argila e do túnel e do fóssil e dos ossos? – insistimos novamente.

Uma criança respondeu que havia um monte de terra, o que foi anotado e colocado no mural. Depois, Jaqueline disse que havia macaco, como o diálogo a seguir mostra:

– O macaco fica embaixo? O macaco não fica em cima?

– Ele fica – Jaqueline respondeu.
– Ele fica embaixo, enterrado aqui com o fóssil? – perguntamos.
– Não, ele fica nas árvores – responderam.
Em seguida, continuamos a história, mostrando os desenhos rupestres. Contamos que aquelas pinturas foram realizadas por pessoas que moravam em cavernas.
– O que tem embaixo da cama, do assoalho, dos canos, do solo com raízes, da colônia de formigas, da argila e do túnel, do fóssil e dos ossos e da pintura rupestre?
– Macaco – Luisa disse.
– Não, o macaco fica na árvore – Jaqueline respondeu para Luisa.
– Se ele fica em cima, como ele vai estar aqui embaixo? – dissemos, apontando para os elementos presentes no mural.
– Mas ele pula pra subir na árvore – Jaqueline respondeu.
– Nossa história conta que tem uma mina de carvão – contamos e colamos uma figura no mural.
Por meio da fala da aluna "Não, o macaco fica na árvore", pensávamos que a posição do macaco estava esclarecida para ela, porém afirmou que não tínhamos colocado no mural, "Que o macaco fica embaixo e sobe e pula pra subir nos galhos da árvore". Foi necessário entendermos o que ela queria dizer com essa frase, então perguntamos se o macaco não ficava em cima e ela respondeu que sim, e completou dizendo que ele pulava para subir nos galhos. Assim, questionamos:
– Onde fica a árvore?
– Igual essa cama – Jaqueline respondeu indicando no mural.
– E o macaco? – perguntamos.
– Na árvore – respondeu.
A árvore e a cama ficam acima da linha de base no espaço gráfico. Ela estabeleceu uma relação topológica no sentido do *eixo em cima/embaixo*, tomando como referência a linha horizontal ao dizer que a árvore e a cama estavam no mesmo nível.

Retomamos dizendo que, na história, embaixo da mina de carvão havia pedras preciosas, e colamos no mural a figura das pedras preciosas. Depois, da mesma forma, colamos a figura do magma que havia embaixo das pedras preciosas.

A sequência dada pela história para os objetos que podem ser encontrados em baixo da cama e do solo cria uma sucessão espacial e temporal. Usamos um dispositivo (o mural), que proporcionou visualizar os objetos em sequência (Figura 14), funcionando como mediador nas interlocuções ocorridas na aula.

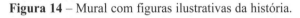

Figura 14 – Mural com figuras ilustrativas da história.

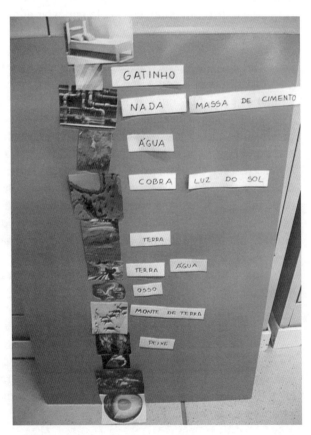

É curioso verificar como as crianças se manifestaram diante da situação apresentada na história. Quando dissemos que no centro da Terra tem o núcleo e em volta o magma, mostrando uma gravura que representava um corte da Terra com suas camadas internas, Jaqueline logo perguntou se aquele era o planeta Tatipurum, aludindo à história das atividades anteriores. Novamente, a memória da experiência vivida em sala há algumas semanas foi o elo para a nova situação, mobilizada pela palavra "planeta". Retomamos a relação entre pensamento, memória e linguagem discutida por Vygotski.[3] Ele afirma que na infância algumas palavras são enunciadas para evocar suas lembranças sobre determinado objeto, uma vez que para a criança pensar é recordar, ou seja, o pensamento infantil se apoia na memória.

Usamos uma casa em miniatura com mobília (Figura 15) que ficou à disposição das crianças para que pudessem brincar livremente, deslocando a mobília de um compartimento para o outro, fazendo arranjos à vontade. Esperávamos que nesse momento lúdico o enredo da história aparecesse nas falas das crianças. Isso foi observado em alguns momentos como o que reproduzimos a seguir.

– O que é aquilo? – Luisa perguntou sobre a miniatura de armário.
– É o negócio de fechar pra colocar os pratos – Sofia respondeu.
– Mas aqui ele está na cozinha ou no quarto? – interviemos, indicando que ali havia uma cama.
Algumas crianças responderam que era o quarto e que o móvel era o guarda-roupa. Uma criança retirou a cama de dentro da casa, e perguntamos o que eles estavam vendo embaixo dela:
– O que tem embaixo da cama?
– Madeira – Jaqueline respondeu.
– E embaixo da madeira? – perguntamos.

– Cadeirinha – Jaqueline respondeu.
– E embaixo da cadeirinha? – perguntamos.
– Madeira – essa mesma criança disse.

Perguntamos para uma criança que estava segurando o sofá o que havia embaixo desse objeto. Jaqueline respondeu que era onde colocava o "bumbum". Perguntamos:
– E embaixo do bumbum?
– Tem essa parte aqui – respondeu, indicando o assento.
– O que há em cima desta casinha toda?
– Telhado – respondeu.

Figura 15 – Miniatura de casa com objetos – (a) cama; (b e d) assoalho de madeira; (c) cadeirinha.

A resposta de Jaqueline nos remete novamente aos estudos de Liliane Lurçat sobre o esquema corporal, esquema que é a base interna da organização espacial. A forma anatômica e o uso do objeto (uma poltrona) determinaram a resposta. Ao manusear as miniaturas de objetos, as crianças agiam e falavam evocando os lugares onde os objetos deveriam ficar segundo relações espaciais topológicas de em cima/embaixo.

Em outro momento, propusemos às crianças que fizessem um desenho sobre a história. Usaram papel A3 e lápis de cor. Participaram dessa atividade 12 crianças. Analisando suas produções, notamos que para 5 delas fazer o desenho foi ter a experiência de deixar no papel algo pelo prazer de riscar e preencher o espaço gráfico com cores, um ato lúdico principalmente. Quatro crianças delinearam formas que definiam áreas do espaço gráfico, possivelmente como alusão às divisões da casa de brinquedo (Figura 16). Três crianças apresentaram formas que subdividiam o espaço gráfico e incluíram figuras humanas dentro do que representava a casa ou parte dela (Figura 17).

Figura 16 – Desenho de Daniel (4,8).

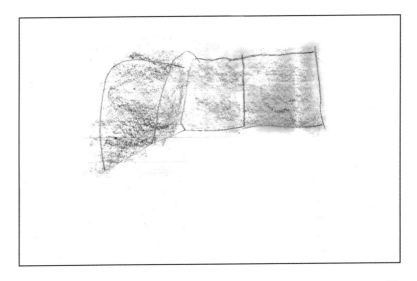

Figura 17 – Desenho de Luisa (4,7).

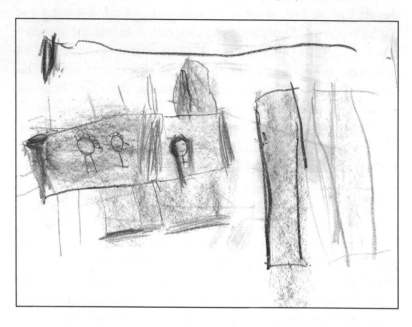

Algumas crianças, ao desenharem, enunciavam o que desenhavam. Por exemplo, Fernanda disse que estava desenhando sua casa (Figura 18), que representou por meio de uma grande área arredondada, possivelmente para aludir ao ambiente interno.

Figura 18 – Casa de Fernanda (4,5).

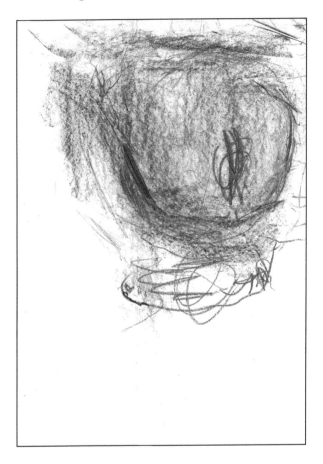

Depois, Fernanda virou a folha e começou a fazer um novo desenho. Fez um círculo e, dentro dele, uma figura humana. Começou fazendo um círculo (cabeça) e prosseguiu pelos dois traços paralelos entre si e fechados na extremidade inferior e, em seguida, fez dois traços paralelos, representando as pernas. Depois, fez os traços referentes ao cabelo, preencheu o tronco formado pelos dois traços paralelos. Disse que era a casa e a menina (Figura 19).

Figura 19 – Casa e menina. Desenho de Fernanda (4,5).

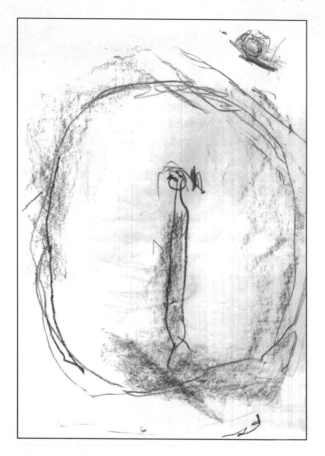

A figura humana representada por Fernanda corresponde ao que Vygotski[4] chamou de representações esquemáticas de seres humanos, limitadas a duas ou três partes do corpo. Fernanda localizou a menina *dentro* da casa, percebe-se claramente o corpo longilíneo que define uma *linha vertical* (eixo em cima/embaixo), lembramos a esse respeito que "o desenho da personagem evolui normalmente para a constituição de seu corpo e para sua progressiva conformação à realidade do esquema corporal".[5]

Em outro momento, para dar sequência à atividade sobre as noções em cima e embaixo, propusemos a colagem de figuras de objetos em cima ou embaixo da cama ou embaixo do chão. Para isso, utilizamos uma folha A3 com o desenho do "chão" e figuras de objetos que foram mencionados no mural e que podem ser encontrados no quarto (Figura 20). O "chão" foi traçado sob a forma de um *plano*, porque pareceu-nos que ao antecipar como o chão deveria aparecer no plano do papel poderíamos facilitar a localização dos objetos, uma vez que para essas crianças a projeção dos objetos sobre uma linha de base poderia ser muito abstrata. O plano guarda maior semelhança com o piso da casinha de brinquedo, servindo de forma equivalente a este no espaço gráfico. Tomamos como referência para essa suposição um estudo realizado anteriormente com o uso do plano de base para o desenho da planta da sala de aula. O plano de base antecipou a representação dos objetos sob o ponto de vista vertical – antes as crianças haviam desenhado as mesas com desdobramento dos pés, mas na folha com o plano de base representaram apenas a superfície das mesas. As formas usadas para os objetos que ocuparam lugar no plano vertical das paredes passaram de rebatimentos de formas pictóricas para formas mais geométricas sem rebatimento.[6]

Figura 20 – Material usado na atividade.

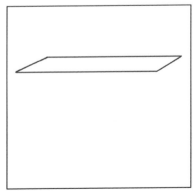

Quando iniciamos a atividade, pedimos para que cada criança falasse sobre seu quarto e o que havia embaixo da sua cama. Mostramos uma folha com o plano de base, que foi distribuída com uma figura de cama para que as crianças fizessem a colagem.

A maior parte das crianças colou a figura acima do chão, exceto uma que colou parte da figura acima e parte abaixo. Vale ressaltar que, durante o desenvolvimento da atividade, aos poucos, algumas crianças foram modificando a localização dos objetos. Quando todas terminaram de colar a cama, distribuímos as outras figuras e orientamos as crianças para notarem que algumas coisas ficavam em cima da cama, outras ficavam embaixo da cama ou embaixo do chão.

Entre as 11 crianças que participaram dessa atividade, 3 colaram as figuras aleatoriamente na folha. Quatro crianças colaram objetos em cima ou embaixo das camas, mas não situaram as janelas e as camas segundo a relação em cima/embaixo na folha de papel. Elas estabeleceram uma localização coerente com esse referencial para objetos que ficam em cima da cama, como boneca e travesseiro, por exemplo, e objetos que ficam embaixo do chão, como os canos.

Observamos no trabalho realizado por cinco crianças que a relação em cima/embaixo foi estabelecida com referência ao plano de base, embora nem todos os objetos estivessem colados adequadamente. Escolhemos três exemplos das enunciações ocorridas durante a atividade. Tomamos o trabalho de Renata como primeiro exemplo.

– Onde fica sua cama? – perguntamos para Renata.
– Eu durmo com a minha avó e minha avó dorme com meu avô – disse, indicando com a mão uma sequência de três lugares, com a avó entre a aluna e o avô.

– É duas camas – completou.
– Onde fica a sua cama? – perguntamos a Natália.
– Ela fica perto da parede.
– E o que tem embaixo da sua cama?
– Tem outra cama – Natália respondeu.
– E embaixo dessa outra cama?

Nesse momento, Renata virou-se em direção a outra criança que disse em tom baixo a palavra "brinquedo".

– E embaixo da sua? – perguntamos à Renata.
– Debaixo da minha (pausa) tem cachorro – respondeu.

Em seguida, avisou que se tratava de um cachorro de pelúcia. E perguntamos:

– A cama fica em cima ou embaixo do chão?
– Embaixo – Renata respondeu, porém em seguida, modificou sua resposta.
– Em cima do chão.

Depois da colagem, Renata disse:

– Coloquei aqui a cama. Me deixa mostrar aqui. Eu durmo aqui e minha vó e meu vô aqui. Daí, eu tenho um gato – indicando a figura – e duas formiguinhas embaixo da minha cama. O cano e o sapatinho. Tenho um baú, onde coloco meus brinquedos (Figura 21).

Figura 21 – Atividade de Renata (4,8).

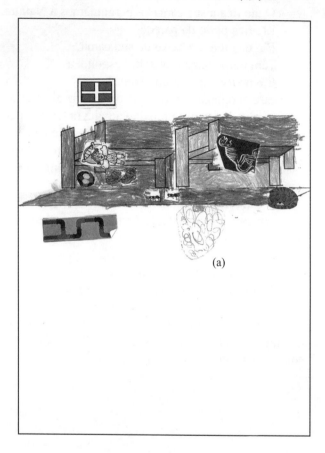

(a)

– Quem é? – uma criança perguntou, indicando a figura de fóssil de dinossauro em cima da cama, que Renata disse que era o lugar em que dormiam seus avôs.

– Sou eu – respondeu.

– De quem é aquela do outro lado? – outra criança perguntou, referindo-se à outra cama colada.

– Porque minha janela fica aqui, daí todo dia eu acordo e... – Renata falou.

A fala da aluna foi interrompida pela criança que queria saber de quem era uma das camas de sua colagem.

Renata respondeu que era de sua avó, mas, em seguida, mudou de resposta:
– Eu sou esta. Aqui é do meu avô e minha avó. Daí, minha janela. Todo dia eu acordo, abro a janela e vejo o Sol, levanto e já coloco a minha roupa, vou pra sala. Minha vó faz um "Tetê" de morango, assisto um pouco de televisão, coloco minha roupa de escola e vou pra escola.
– Em cima da cama tem criança dormindo. Embaixo tem formiga, água, sapato, bola, gato... – Renata contou.
– O cano fica em cima ou embaixo do chão? – perguntamos.
– Embaixo – respondeu.
– E a formiga? – perguntamos
– Em cima – Renata disse.
Depois dessa conversa, desenhou o que disse que faltava na colagem e tinha no seu quarto, debaixo da cama: o baú de brinquedo (a). Perguntamos:
– Seu baú de brinquedo fica embaixo da cama?
– Fica, porque meu avô colocou embaixo da cama.

Em sua fala, temos o relato das atividades que desempenha depois que acorda, pela manhã, organizadas na sequência de tempo dada pelas ações. Renata colou as camas justapostas, uma ao lado da outra, devidamente alinhadas *sobre* o chão, *embaixo* do qual colou os canos, mas o gato, as formigas e o baú de brinquedo ficaram debaixo da cama ou bem próximos a ela. Na parede, acima, ela colou a janela. Cada coisa em seu lugar, localizadas segundo relações topológicas.

O trabalho de Fábio foi escolhido como segundo exemplo. Quando recebeu a figura da cama e dissemos para colocá-la no chão, Fábio a posicionou embaixo do plano de base e invertida, como mostra a letra (a) da figura 22. Então, colocou todas as outras figuras abaixo do plano do chão, incluindo uma segunda cama (b). Na conversa individual, Fábio nos contou que existiam duas camas, uma sua e outra do seu irmão. Ele disse que estava faltando uma moeda que havia caído. Perguntamos se a moeda estava em cima ou embaixo do chão, ele nos respondeu que estava embaixo. Argumentamos que se está embaixo do chão, como ele faria para pegá-la? Ele nos disse que agacharia (entendemos que se referia a embaixo da cama e não do chão). Em seguida, desenhou a moeda (c) embaixo da cama.

Figura 22 – Atividade de Fábio (4,5) – (a e b) cama; (c) moeda.

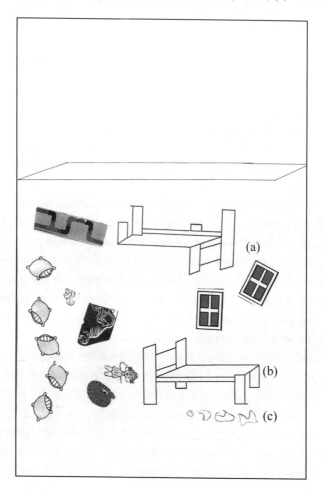

Percebemos que Fábio dispôs as camas em dois níveis, porém abaixo do plano que estava desenhado na folha, provavelmente por considerá-lo o teto. A inversão de uma das camas pode ter ocorrido porque a forma da cama não favoreceu a percepção de sua cabeceira de modo bem evidente. Os demais objetos estão dispostos de modo aleatório, o que pode ter ocorrido por Fábio não ter compreendido devidamente o que lhe foi pedido. Fica claro que o chão, para ele, era a base da folha de papel, onde desenhou a moeda.

Um pequeno trecho exemplifica a presença de referenciais de localização nos enunciados das crianças, o que denuncia que estávamos num bom caminho na investigação a que nos propusemos: durante a atividade, uma criança contou que seus gatos dormiam embaixo do colchão e Maria a interrompeu dizendo que o gato poderia morrer se o deixasse lá:

– O gato vai morrer porque vai ficar embaixo do colchão – Maria disse.
– Você tem que deixar seu gato em cima da cama – uma criança alertou.

Ora, as crianças sabiam que o gato não poderia ficar embaixo do colchão, parece-nos que o equívoco está no enunciado, em lugar de dizer "embaixo da cama" ela disse "embaixo do colchão".

Maria será então o terceiro exemplo. Extraímos o seguinte trecho da narrativa.

Ao receber a segunda figura de cama, Maria disse:
– Vou colar aqui embaixo – indicando abaixo do plano do chão.
Maria fixou o gato e o travesseiro em cima da cama, que foi colocada acima do plano de base. A bola, a outra cama, a boneca e as formigas abaixo dela. A janela acima do plano e da cama, o fóssil ao lado da janela, o tênis ao lado da outra janela (Figura 23).

Figura 23 – Atividade de Maria (4,4).

Ao expor sua atividade na conversa individual, Maria, inicialmente, disse que no quarto havia duas camas, uma para ela e outra para sua irmã. No entanto, em seguida, disse que existiam dois quartos na casa: um da sua mãe (acima do plano de base) e outro dela (abaixo do plano de base). Afirmou que a bola fica em cima da cama e a boneca embaixo. Então, perguntamos:
– Onde está o chão do seu quarto?
Maria indicou o plano de base e perguntamos:
– Esse é o chão do seu quarto ou o do quarto da sua mãe?

– É o da minha mãe – respondeu.
– E o seu está sem chão? – perguntamos.
– Não – respondeu.
– Onde está?
– Aqui – disse indicando o espaço embaixo da cama (abaixo do plano de base).

Podemos dizer que a atividade proporcionou às crianças uma experiência mobilizadora do pensamento quanto à representação do espaço e do tempo.

No conjunto de atividades relativas à história dos meninos do Tatipurum, a questão da postura do corpo humano no espaço terrestre esteve mais evidente. Isso nos permitiu observar melhor como as crianças foram modificando suas ações para situar objetos sobre a superfície esférica da Terra. A *vertical* – dada pela postura ereta do ser humano – norteou nossas análises e levou-nos a compreender as relações do corpo no espaço presentes nas representações feitas pelas crianças.

Com as atividades apresentadas neste capítulo, indo um pouco além, pudemos definir três usos distintos do *plano de base* observados nas produções dos alunos. Renata usou-o para orientar o posicionamento de todos os outros elementos: as duas camas em cima do chão e o tênis e a bola embaixo da cama, em cima do chão também. Renata desenhou um baú de brinquedos abaixo do plano de base, porém disse que ficava embaixo da cama, isso pode ter acontecido porque o espaço entre a cama e o plano de base já estava colorido e o baú foi colado no final, em um espaço que estava em branco. Maria usou o plano de base de duas maneiras: para definir o posicionamento de uma cama e para separar sua atividade em dois quartos, o seu e o da sua mãe.

Parece-nos que o plano de base usado com a intenção de facilitar a projeção dos objetos no espaço gráfico teve certo efeito como nos exemplos citados. No entanto, para essas crianças, o espaço gráfico não corresponde a uma projeção bidimensional dos objetos observados no espaço tridimensional como ocorre para os adultos. Estes imaginam formas gráficas para indicar a tridimensionalidade espacial. Para a criança a imaginação apoia-se principalmente na memória, porque:

> Na determinação do conceito, o objeto do ato de pensar está constituído, para a criança, não tanto pela estrutura lógica dos próprios conceitos como pela lembrança, e a concretude do pensamento infantil, seu caráter sincrético, é outra faceta desse mesmo fato, que consiste em que o pensamento infantil se apoia antes de mais nada na memória.[7]

A criança imagina com base nos dados da memória para novas combinações. Nessa atividade, as noções de em cima e embaixo apresentadas na história demandaram imaginar os elementos que pudessem estar embaixo da cama, em uma determinada sequência.

O plano de base funcionou como elemento mediador na determinação da relação em cima/embaixo, mas cada criança trouxe suas próprias referências ao situar os objetos, elas apoiaram-se na memória de seu espaço cotidiano, em seus costumes e seus valores.

NOTAS

[1] A esse respeito ver R. Doin de Almeida, *Do desenho ao mapa*: iniciação cartográfica na escola, São Paulo, Contexto, 2001, pp. 35-57.
[2] Lurçat, *El Niño y el espacio*: la función del cuerpo, trad. Ernestina C. Zenzes, Cidade do México, Fondo de Cultura Económica, 1979, p. 13.
[3] L. S. Vygotski, *O desenvolvimento psicológico na infância*, trad. Claudia Berliner, São Paulo, Martins Fontes, 1998.
[4] L. S. Vygotski, *La imaginación y el arte en la infância*, 10. ed., Madri, Akal, 2011.
[5] P. Greig, *A criança e seu desenho*: o nascimento da arte e da escrita, trad. Fátima Murad, Porto Alegre, Artmed, 2004, p. 61.
[6] Ver R. Doin de Almeida, op. cit., pp. 108-109.
[7] Vygotski, op. cit., 1998, p. 44.

UMA MENINA AVENTUREIRA

Entre outras possibilidades de escolha para o tema desta atividade, ficamos com uma animação. Trata-se de um episódio da série intitulada *Dora, a aventureira*.[1] Um motivo para essa escolha é a forte presença da TV no cotidiano das crianças. Sabemos que há uma considerável controvérsia a respeito da influência da TV na formação das crianças, com prós e contras de pedagogos e psicólogos. Mas o fato é que as crianças passam várias horas por dia diante da TV. Sem a intenção de reforçar essa prática, nós lançamos mão de uma animação que favorecia sobremaneira nossos propósitos.

Dora, a aventureira surgiu nos Estados Unidos no ano 2000, tornando-se muito popular. Dora é uma menina de 7 anos, de origem latina, que aparece acompanhada por uma comitiva formada por Botas (um macaco), Swiper (uma raposa) e outros animais. Os pais e avós de Dora aparecem em alguns episódios; seu primo Diego apareceu em episódios mais recentes. Assim, ao longo de mais de 110 episódios, os pequenos espectadores vão se envolvendo com Dora, seus amigos e familiares.

Os criadores de Dora fizeram um *design* da animação especialmente para crianças de 2 a 5 anos. Eles deram para ela uma mochila mágica que provê os recursos de que Dora precisa para resolver todos os desafios que enfrenta. Entre suas tarefas frequentes, ela tem que se deslocar para algum lugar desconhecido.

Quando isso acontece, Dora pergunta para os espectadores: "Para quem nós pedimos ajuda quando não sabemos que caminho seguir?" Então surge o personagem que nos motivou a escolher essa animação. Surge Map (mapa) – que pula da mochila de Dora – sob a forma de uma folha enrolada posta na vertical. Ele tem boca, dois olhos e sobrancelhas, canta e fala.

Quando chamado, Map pula da mochila e se desenrola em um mapa colorido cantando sua canção costumeira "Eu sou o mapa, eu sou o mapa, eu sou o mapa, eu sou o mapa". Como era de se esperar de um mapa, Map mostra um panorama da situação antes de indicar para os espectadores pelo menos três lugares por onde Dora terá que passar para chegar aonde deseja. Entoa novamente seu refrão acrescido de "Se há um lugar onde você tem que ir, aposto que eu posso lhe mostrar". Dessa maneira, Map transfere para os espectadores a tarefa de orientar o trajeto de Dora, envolvendo-os na trama da história.

Dora, a aventureira foi criada especificamente para crianças entre 3 e 5 anos de idade.[2] Segundo Carter,[3] os criadores da série basearam-se nas ideias de Howard Gardner sobre as inteligências múltiplas. O constante uso do mapa nos programas estimula a inteligência espacial. Quando Dora pergunta quem deve ser chamado quando precisamos saber que caminho seguir, as crianças que assistem a animação são estimuladas a gritar "o Map". Este mostra o caminho que Dora deve seguir, mas não o diz diretamente para Dora; ele passa essa informação para os pequenos espectadores, que têm o poder e a obrigação de passá-la para Dora. Esse tipo de programa – desenhado para levar os espectadores a falar com os personagens da tela – é dirigido para crianças pequenas. Crianças maiores não se interessam por isso, elas sabem que não é possível conversar com personagens da TV.

Mas o ponto que nos parece mais importante nos episódios de Dora é o modo como o mapa é usado e apresentado. Conforme diz Carter, o modo consistente com que o mapa é usado em cada programa serve como um organizador cognitivo porque o pequeno espectador é convidado a realizar três tarefas: chamar o mapa no início do programa, observar a exposição do mapa sobre o lugar onde devem ir e contar para Dora como chegar a esse lugar. A participação do mapa nos programas chega a 5% do tempo, o que é significativo, pois nos programas de TV os mapas ocupam pouquíssimo tempo (por exemplo, na previsão meteorológica dos noticiários). O mapa aparece de modo consistente, ocupando o mesmo tempo e sempre da mesma maneira em todos os episódios. Isso lhe confere a posição de protagonista; ele tem uma personalidade, ele indica direções com autoridade.

No episódio "Mapa perdido", um pássaro leva Map para forrar seu ninho. Diante do risco de se ver perdido para sempre, Map, ao ser levado para o alto, diz para Dora que ela precisa desenhar seu próprio mapa para poder encontrá-lo. Aparentemente contraditória, a ordem de Map para Dora indica que as crianças podem desenhar seus mapas para representar os lugares e definir trajetos. Carter conclui que a animação representa um passo significativo nos nossos esforços para ensinar as crianças a usar mapas. Concordamos com essa ideia e acrescentamos que em nossa experiência percebemos que as crianças lidaram com naturalidade ao serem desafiadas a seguir as orientações dadas por Map.

Cabe ressaltar, no entanto, que a situação apresentada na animação é imaginária, isto é, não faz parte de uma realidade de fato; entender o que Map propôs não tem um caráter vital e as crianças sabem disso. Podemos dizer, então, que a animação cria uma situação de faz de conta, mas que mostra como um mapa poderá ser útil em uma situação real, caso isso venha a ser necessário um dia. De qualquer maneira, as crianças percebem que os mapas existem e que podem mostrar como encontrar os lugares. Não podemos dizer, no entanto, que elas estão aptas a usar mapas adequadamente.

Os produtores de Dora fazem pesquisas constantemente para saber como sua produção atinge o público: "É vital para nós entender o nosso público e manter um diálogo com os nossos telespectadores".[4] Eles concluem que os programas prendem a atenção das crianças justamente porque mobilizam seus interesses nas atividades realizadas pelos adultos, o que elas gostariam de entender e gostariam de fazer. Lembramos aqui novamente as ideias de Vygotski sobre a importância da imitação no modo como as crianças vivenciam as práticas de seu grupo cultural.

O episódio que escolhemos para a atividade apresenta algo muito comum na vida das crianças: perder um brinquedo e não saber como encontrá-lo. O título do episódio é "Cidade dos Brinquedos Perdidos".[5] O início do episódio traz Dora angustiada porque perdeu seu ursinho. Logo Map aparece dizendo que o ursinho estava na Cidade dos Brinquedos Perdidos. Notamos aqui como os produtores lançam mão da imaginação infantil ao estabelecerem um lugar onde todos os brinquedos perdidos devem estar. Map sabe o caminho e pode, portanto, resolver o problema. O caminho indicado por Map passa por dois pontos de referência: a Pirâmide dos Números e a Selva Desarrumada, chegando ao final na Cidade dos Brinquedos Perdidos.

Os três lugares apresentados são um *trajeto*: tem um ponto de partida e uma sequência que estabelece a relação tempo-espaço (antes – no meio – depois) e um ponto de chegada. Cria uma ordem temporal e espacial apoiada nas relações de vizinhança, sendo que o tempo pode ser concebido como espaço em movimento no desenvolver do trajeto.

Durante a animação, a sequência dada por Map é repetida diversas vezes, de maneira que as crianças logo a memorizam. Depois de assistirem à projeção da animação, durante a roda de conversa, elas enunciaram onde o brinquedo estava e como Dora poderia chegar até ele.

A atividade das crianças consistiu em organizar a sequência do trajeto colando figuras dos três lugares em uma folha de papel. Observamos que, entre as 12 crianças, a organização das figuras foi a seguinte:

- quatro estavam fora da ordem;
- três estabeleceram uma ordem na vertical, sendo que o primeiro quadro foi colado na parte inferior da folha;
- três estabeleceram uma ordem na vertical, sendo que o primeiro quadro foi colado na parte superior da folha;
- dois colaram as figuras segundo uma ordem horizontal, iniciando da esquerda para a direita.

Selecionamos um grupo de quatro crianças para fazer uma observação mais detida de sua produção (Figura 24).

Figura 24 – Crianças organizam as figuras antes da colagem.

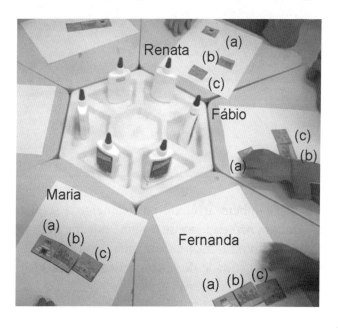

Maria arrumou as figuras no papel na sequência correta, mas ao colá-las inverteu a ordem (ver Figura 25). Ela percebeu que havia modificado a disposição das figuras quando conversamos sobre seu trabalho:

> – Eu colei aqui e colei a outra aqui – disse indicando as figuras na sua folha.
> – E como você queria ter feito? – perguntamos.
> – Certinho assim – respondeu indicando a ordem dada na animação.

Figura 25 – Produção de Maria (4, 4).

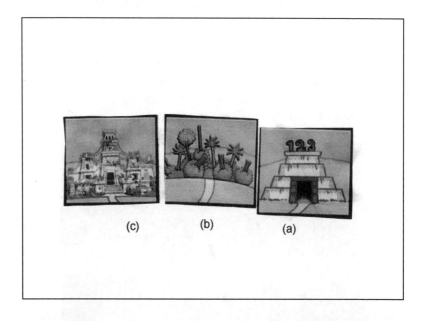

Fernanda também arrumou corretamente a sequência do trajeto – embora não enunciasse o nome dos lugares –, mas ao colar as figuras, modificou a ordem, que ficou assim: Pirâmide dos Números (a); Cidade dos Brinquedos Perdidos (c); Selva Desarrumada (b) (Figura 26).

Figura 26 – Produção de Fernanda (5,0).

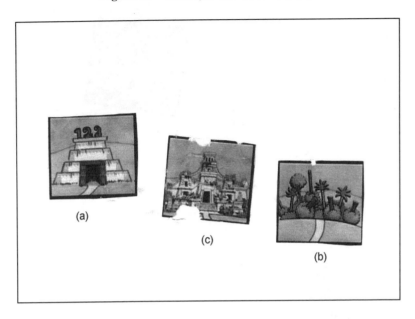

Fábio colou as figuras seguindo a ordem do trajeto, porém no sentido de baixo para cima da folha (Figura 27).

Figura 27 – Produção de Fábio (5,0).

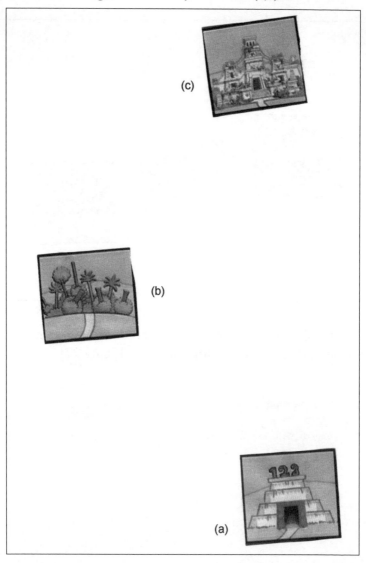

Renata enunciou a sequência do trajeto corretamente, mas também a colou no sentido de baixo para cima da folha (Figura 28).

Figura 28 – Produção de Renata (5,2).

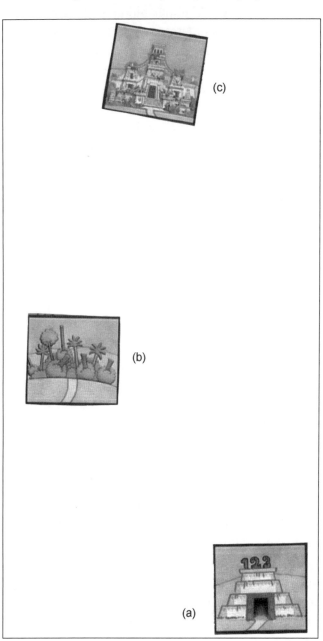

O que teria levado as crianças a modificar a ordem durante a colagem das figuras? Algumas hipóteses podem ser levantadas: para elas, manter a ordem posta durante a conversa sobre o trajeto não era algo importante; além disso, elas podem ter seguido (por imitação) a ordem apresentada na tela quando os lugares iam aparecendo da parte inferior para a superior da tela a fim de dar a ideia da distância entre um lugar e outro, enquanto Map mostrava os pontos por onde Dora deveria passar.

Conforme vimos, a memória e a imitação têm papel relevante na aprendizagem. Para a criança, pensar é recordar, mas a memória se modifica. Tomando a teoria de Vygotski, dissemos que "buscar pela memória não é apoiar-se em signos externos, mas é uma atividade complexa apoiada em representações mentais, conceitos, imagens, sensações, etc."[6] As figuras usadas na colagem serviram de mediação para que elas recordassem o trajeto percorrido por Dora, no entanto, a *ordem* dos lugares nesse trajeto ao ser representado no espaço gráfico da folha de papel pode ter adquirido uma importância secundária.

Interessa-nos ainda retomar o papel da *imitação* no processo de aprendizagem. Sabemos que a criança não repete o que vê um colega fazer, mas ela cria algo a partir do que observou, de maneira que a interação com o grupo assume um caráter mediador, fomentando ações imitativas e ao mesmo tempo criativas. Nessa atividade de colagem, as crianças, ao observarem a disposição feita pelos colegas, arrumaram as figuras da mesma maneira. No entanto, ao se voltarem para a sua própria ação durante a colagem, criaram outras disposições, provavelmente com apoio no que recordavam da animação (na qual a sequência do trajeto foi repetida várias vezes, de modo proposital, pois seus autores tomaram as características do pensamento infantil como referência). Parece-nos, portanto, que a forma como esses conteúdos foram apresentados na animação teve grande importância na hora em que as crianças fizeram suas colagens.

Cabe dizer mais uma vez que, segundo Vygotski,[7] nas brincadeiras e nos jogos, por meio da imaginação e da memória, as crianças são capazes de reelaborar as experiências vividas, combinando-as entre si e construindo com elas novas realidades, de acordo com os seus afetos e necessidades.

EM BUSCA DE UMA "ORDEM" PARA A SELVA DESARRUMADA

As imagens da Selva Desarrumada presentes na animação trazem uma constante inversão do eixo em cima/embaixo na localização dos objetos: árvores de cabeça para baixo, peixe no ninho, nuvens no chão... Isso cria um contexto de *nonsense* muito ao gosto das crianças do grupo etário com o qual trabalhávamos.

Pensamos em tirar partido desse trecho da animação, explorando como as crianças lidariam com uma situação onde houve uma transformação na ordem espacial. Para tanto, preparamos uma atividade em que elas deveriam localizar os objetos da selva corretamente; primeiro tomando um ponto como referência e depois sem um ponto de referência preestabelecido. Esperávamos, assim, saber melhor como lidariam com a localização de objetos no espaço gráfico.

Preparamos uma folha com uma árvore colada no canto direito, reproduzimos também algumas figuras retiradas da animação: duas árvores, um lago, um pássaro, um peixe e nuvens. As crianças deveriam colar as figuras de maneira que a selva ficasse "arrumada". Terminada a tarefa, elas receberam uma folha em branco e as mesmas figuras para fazerem a mesma tarefa, mas agora sem um ponto de referência.

Naturalmente, as crianças sabiam onde cada elemento deveria estar, porém, ao ter que reordenar os objetos na folha de papel, precisariam guiar-se não apenas pela percepção imediata, mas buscar pela memória o lugar onde "deveriam" estar. Quando analisamos as produções dos alunos (ao todo dez), notamos o seguinte:

- um aluno colou os objetos de modo aleatório;
- três alunos situaram os objetos em posição relativamente coerente;
- seis alunos localizaram adequadamente os objetos;
- todas as crianças colaram as nuvens na parte superior da folha.

Para o segundo momento, no qual não havia um ponto de referência, temos o seguinte (onze alunos participaram da atividade):

- três alunos colaram os objetos de modo aleatório;
- quatro alunos situaram os objetos em posição relativamente coerente;
- quatro alunos localizaram adequadamente os objetos;
- todos colaram as nuvens na parte superior da folha.

Apenas oito crianças participaram de ambos os momentos da atividade. Ao compararmos as produções desses alunos, notamos o seguinte:

- duas crianças situaram os objetos de modo coerente em ambas as produções;
- três crianças melhoraram a localização dos objetos da primeira para a segunda produção;
- duas crianças situaram os objetos de modo aleatório em ambas as produções;

- uma criança situou os objetos de modo coerente na primeira produção, mas na segunda colou alguns objetos de cabeça para baixo.

Podemos concluir, a partir das constatações anteriores, que todas as crianças apresentaram suas produções com objetos situados em função do eixo em cima/embaixo, uma vez que as nuvens aparecem em posição adequada. A maior parte delas situou objetos no espaço gráfico um em função da posição de outro (relação topológica).

Passemos agora para dois exemplos que registramos no decorrer da atividade. Fernanda logo disse que a nuvem deveria estar em cima, isto é, no céu. Completou que o peixe fica na água (lago).

Na primeira atividade, registramos o seguinte:

– A nuvem tinha que estar lá em cima – afirmou Fernanda.
– A nuvem tinha que estar onde? – perguntamos.
– No céu – respondeu, indicando a parte superior da folha.

Fernanda verificou a posição da nuvem e concluiu que estava errada e, ao indicar a parte superior da folha como sendo o céu, pudemos inferir a relação vertical estabelecida por ela em relação ao espaço do papel. Em alguns momentos, os alunos falavam o termo "de ponta-cabeça" para se referirem à posição invertida das árvores, aludindo ao seu próprio corpo, pois o termo usado remete à noção de "cabeça para baixo" ou de que a cabeça fica em cima.

– O peixe está na água – disse Fernanda.
– O peixe está no rio – completou Maria.

As duas alunas colaram a figura do peixe sobre a do lago (Figura 29). Elas identificavam e nomeavam as figuras ao verbalizarem suas ações. A linguagem apresenta duas funções, segundo Vygotski:[8] *interna*, função de coordenar e dirigir o

109

pensamento; *externa*, função de comunicar os resultados do pensamento para outras pessoas. Quando as crianças descrevem acontecimentos por palavras, reforçam a sua capacidade de perceber e lidar com a ordem espacial. Começam a pensar na disposição espacial por meio de referências e apreendem as palavras que os adultos utilizam para representar o espaço. Daí a importância da palavra como chave para a compreensão da unidade dialética entre pensamento e linguagem.

Figura 29 – Grupo em atividade.

Maria colou a nuvem na parte superior da folha (Figura 30), estabelecendo a relação vertical: em cima/embaixo entre os elementos. Na folha em branco, ela modificou a posição dos objetos, mas conservou a relação em cima/embaixo. Ao compararmos as produções de Maria, notamos que há, em ambas, a relação pássaro e ninho, peixe e lago, nuvem e parte superior da folha. Apesar das árvores não estarem alinhadas, estão na posição vertical e uma delas está próxima à parte inferior da folha, denominada pelas crianças, em outras atividades, como chão.

Figura 30 – Produções de Maria (4,11).

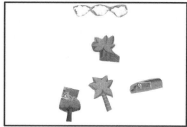

Fernanda colou a nuvem na parte superior da folha, confirmando o que havia enunciado anteriormente. Ela posicionou as árvores paralelas à árvore de referência, estabelecendo uma relação horizontal e topológica (Figura 31). Na folha em branco, ela colocou novamente a nuvem na parte superior, mas o peixe foi deslocado para a parte inferior e o pássaro para cima de uma árvore.

Figura 31 – Produções de Fernanda (5,0).

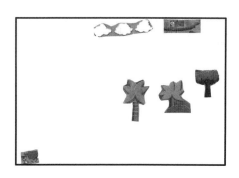

Percebemos que estabelecer uma ordem espacial entre os elementos da Selva Desarrumada seguiu: a) a orientação dos eixos espaciais originados na projeção do esquema corporal, a saber, em cima/embaixo; b) o sentido dos lados da folha de papel como eixo orientador.

A atividade deu oportunidade para que as crianças transformassem a disposição espacial dos elementos tanto ao definir uma orientação a partir da árvore já localizada no espaço gráfico quanto ao estabelecer o lugar dos elementos sem um ponto de referência antecipado.

NOTAS

[1] *Dora the Explorer* (título no original) é uma série de televisão criada por Chris Gifford, Valerie Walsh e Eric Weiner, produzida pela Nickelodeon Animation Studios e transmitida desde 2000. No Brasil, começou a ser exibida pela RedeTV em canal aberto em 2006 e desde 2010 é exibida pela TV Cultura. A série também foi vendida em DVD. A Editora Fundamento Educacional publica livros com histórias de *Dora, a aventureira*.

[2] Segundo uma pesquisa realizada por James R. Carter (*Map: TV character and visual representation of space*. 2009, disponível em: <http://icaci.org/documents/ICC_proceedings/ICC2009/html/nonref/29_4.pdf>, acesso em: 20 maio 2011), os criadores da animação basearam-se em pesquisas para saber o que é do agrado de crianças da faixa etária entre 3 e 5 anos.

[3] Carter, op. cit.

[4] Ver <http://www.nick.co.uk/info/research/>, acesso em: 17 abril 2013.

[5] "Cidade dos brinquedos perdidos", Paramount Pictures, Manaus, Videolar, 2008, 1 DVD, 23 min., son, color. *Dora, a aventureira*.

[6] Ver capítulo "Criança, espaço e tempo".

[7] Vygotski, *La imaginación y el arte en la infancia*, 10. ed., Madrid, Akal, 2011.

[8] Vygotski, *A construção do pensamento e da linguagem*, 2. ed., trad. Paulo Bezerra, São Paulo, WMF/Martins Fontes, 2009.

UM POUCO ALÉM DAS PRÁTICAS

Para terminar, queremos deixar aqui nossas reflexões sobre as práticas realizadas.

Ao tornar públicas as experiências de nossas atividades desejamos compartilhá-las com outros sem a intenção de definir formas para as práticas escolares ou estabelecer verdades por meio das considerações que aqui escrevemos. Para as práticas – de ensino e de pesquisa –, nos apoiamos em procedimentos investigativos, mas durante as atividades realizadas na escola o controle sobre as situações fugiu-nos constantemente, o que já era por nós sabido e esperado. Isso nos remete para o fato de que a *experiência*[1] é maior do que a busca de resultados, portanto *não temos resultados ou conclusões, apenas algumas considerações*.

O uso de registros por meio de gravação em vídeo, fotografias e escrita em diário foi extremamente valioso como apoio para as reformulações das atividades e, principalmente, para nossa reflexão. Deixamos, então, esta sugestão: registre o que puder, da melhor maneira que puder, não deixe de escrever sobre os acontecimentos de suas aulas.

A partir das ideias acerca do que seria narrar, escritas por Walter Benjamin no ensaio "O narrador", criamos um modo de narrativa com os registros de que dispúnhamos. Acreditamos que a proposição benjaminiana aponta justamente para a possibilidade infinita de formas de narrar. Mesmo a oposição entre narrar e explicar feita por Benjamin não se colocaria em nosso caso, uma vez que as narrativas seriam escritas num contexto social em que a explicação não necessariamente impede que a narrativa se faça. Uma das ideias mais discutidas e assumidas como interessante para as nossas escritas foi a de que o narrador deve tecer sua narrativa centrada no ocorrido, no acontecimento mesmo, uma vez que nosso objetivo era ver revelados nesses escritos as ações e os acontecimentos das experiências que tivemos no contexto da cultura escolar.

A seguir fazemos constar diversos apontamentos retirados de nossos arquivos de leituras e de nossas práticas, com a intenção de compartilhá-los com outros que tenham interesses semelhantes aos nossos.

É nas atividades cotidianas que as crianças, desde a mais tenra idade, descobrem as relações dos objetos entre si. A *ação* sobre as coisas associada à *denominação* das localizações, posições e deslocamentos no espaço é a principal fonte de conhecimento espacial e do tempo. Então, a *representação* do espaço supõe a integração dessas duas fontes de conhecimento, as quais dependem do contexto cultural.

As crianças precisam de referências em relação ao seu próprio corpo para se localizar no espaço, pois, segundo Liliane Lurçat,[2] para dominar o espaço é preciso fazer corresponder uma parte do corpo com uma direção correspondente: braço esquerdo com a direção esquerda, braço direito com a direção direita, região anterior do corpo com a direção da frente. Essas operações supõem ter assimilado o vocabulário espacial e estabelecer conexões entre os fatores posturais e os termos usados na localização. O conhecimento do espaço/corpo faz-se na criança por duas vias diferentes: a ação – direta, prática, intimamente ligada ao movimento e à manipulação dos objetos – e a palavra – indireta, relativa à nominação dos objetos e dos lugares, ligada, portanto, à linguagem falada.

O comportamento da criança no espaço não exige, necessariamente, o conhecimento do espaço. Esse conhecimento – do corpo, dos objetos, dos lugares – faz-se progressivamente e depende, em grande parte, das oportunidades que o meio oferece à criança para as suas vivências. Do ponto de vista teórico as idades são sistematizadas com base no desenvolvimento e na aprendizagem, mas o que se tem como geral é uma ordem de aquisições quanto às noções de espaço e de tempo; as idades variam, não só de uma cultura para outra, mas entre os indivíduos dentro de uma mesma cultura.

A percepção do espaço implica não só o que pode ser percebido, mas também o que pode ser eliminado. Os indivíduos aprendem, desde a infância, e sem se darem conta disso, a eliminar ou a reter tipos de informação muito diferentes, segundo seu contexto cultural. Então, viver em culturas diferentes significa ter experiências em espaços sensoriais diferentes.

O adulto tende a estabelecer uma ciência objetiva do universo, mas a criança elabora uma realidade constantemente penetrada pelo seu pensamento, um pensamento marcado pela imaginação. São as experiências táteis, as sensações vividas no próprio corpo, que motivam os interesses gráficos ou plásticos da criança. Quer usando o dedo, o lápis ou o pincel, com gestos amplos, rápidos ou demorados, a criança deixa a sua marca. Não é só a mão que se movimenta, é o corpo todo, levado por um ritmo espontâneo que se repete pelo prazer proporcionado.

A elaboração do desenho do corpo está intimamente ligada às concepções sobre o espaço quer seja pela percepção imediata quer seja por sua representação mental ou gráfica – isso acontece porque as crianças passam a designar as diferentes locações espaciais por termos usados para o corpo, como em cima, embaixo, atrás, na frente etc., de maneira que a palavra cria um elo entre a estrutura corporal e o espaço que, por esse meio, estrutura-se em função do corpo: de sua forma, sua postura e seu deslocamento.

A respeito da representação do espaço no desenho, temos algumas considerações interessantes. Nos desenhos feitos por crianças pequenas o espaço não está orientado, não há em cima nem embaixo. A criança traça na folha os seus símbolos como se jogasse coisas para dentro de uma caixa. O desenho é uma coleção. Na representação da figura humana a forma mais comum é a cabeça-tronco, formada por um traço circular, nem sempre fechado, não havendo ainda uma separação clara entre a cabeça e o tronco, mas apresentando partes da cabeça e do tronco (olhos, boca, umbigo), aos quais se ligam linhas em cujas extremidades podem surgir indicações de mãos e de pés. A partir dos 4-5 anos, um espaço mais estruturado começa a esboçar-se sobre o pano de fundo do espaço topológico. Mas as representações ainda trazem a marca do intuitivo e do egocentrismo por meio da pluralidade dos pontos de vista. Aos poucos vão surgindo as orientações espaciais como objetos situados segundo os eixos em cima/embaixo, à esquerda/à direita, à frente/atrás. A arrumação dos símbolos vai surgindo e o aspecto enumerativo – "é uma casa", "é um homem" – dá lugar a uma atitude nova: "este homem vai para casa...". Então, a criança nos conta algo usando símbolos que surgem entre a terra (chão) e o céu (teto).

Essa *linha de base* pode surgir isolada ou repetida, criando estratos que são outras tantas linhas de suporte. A linha de base refere-se a experiências cinestésicas – raramente a experiências visuais, pois a criança representa os pés sobre a terra e o céu por cima da cabeça. A criança movimenta a folha ou desloca-se em relação a ela para se situar tendo como referência a linha de base, que poderá estar marcada ou não. Em função de uma linha de orientação, os objetos são rebatidos: a mesa é a imagem-tipo do rebatimento centrado num ponto (umbigo) e a estrada é a imagem-tipo do rebatimento em torno de um eixo (coluna vertebral).[3]

Deve-se ter em conta que certas codificações espaciais não são, e não poderiam ser, elaboradas individualmente, pois nas representações gráficas intervêm múltiplas convenções estabelecidas historicamente (por exemplo, a perspectiva na arte foi diferente em cada época). Além disso, o uso do corpo está submisso aos constrangimentos das regras sociais. O acesso aos diferentes modos de codificar o espaço, bem como às informações espaciais a serem codificadas em uma representação, não depende apenas das capacidades sensoriais, motoras e cognitivas das crianças, mas está fortemente vinculado ao modo como a crianças se integram ao mundo dos adultos, "cujas regras são por vezes poderosas e implícitas".[4]

Queremos agora fazer algumas considerações sobre o tempo e a forma como as crianças pensam em termos de tempo.

O pensador contemporâneo Norbert Elias afirma que o tempo é uma representação social e faz parte dos símbolos de uma sociedade com os quais o indivíduo tem que se familiarizar para se orientar no mundo. Sua ideia sobre o tempo difere de outras por afirmar o caráter determinante da sociedade na construção da ideia de tempo e de sua introjeção em cada indivíduo.[5] Elias considera que a construção de mecanismos de controle do tempo surgiu com a necessidade de controlar os ciclos da natureza e os próprios homens.

Em sociedades como a nossa, os relógios e o calendário destinam-se a representar o tempo e resultam de uma complexa síntese que estabelece sequências observáveis (movimento aparente do Sol) ou simuladas, cujo processo físico pode ser associado a um símbolo social inserido no sistema de comunicação dessa sociedade.

Ao estudar História, o jovem aprende a contar o tempo em grandes períodos que correspondem à existência de sociedades de outras épocas. Porém, cabe aqui uma advertência. Nas séries iniciais do ensino fundamental, em algumas situações as crianças estudam o tempo e o espaço próximos sob os temas da família, da escola, do bairro, do município..., seguindo ainda a concepção dos "círculos concêntricos" que partem do mais próximo para o mais distante, de maneira que junto com esses saberes os alunos aprendem uma história atemporal e desconexa. No entanto, o estudo da História deve situar o aluno no contexto das transformações, permanências e mudanças das sociedades e de cada um diante da circunstância de ser um agente histórico.[6]

Cabe lembrar que as crianças muito pequenas percebem o tempo como momentos únicos. Depois passam a perceber que as coisas acontecem *antes* deste momento e *depois* deste momento. Percebem então que o tempo é um contínuo, sendo capaz de recuar no passado e reconstituir acontecimentos e experiências. Porém, estabelecer uma sequência entre os acontecimentos do passado é uma conquista mais complexa. Precisam apropriar-se de algumas *palavras* que os adultos utilizam para descrever a sequência dos acontecimentos. Portanto, na educação infantil o uso de alguma linguagem (falada, gestual, gráfica) é necessário para que as crianças percebam variações temporais de velocidade, ritmo, ordem etc. Elas geralmente relacionam a duração do tempo com o espaço. Quando as crianças começam a antecipar verbalmente os acontecimentos futuros, fazendo preparativos para algum evento, estão desenvolvendo o sentido de controle sobre os acontecimentos, sobre o tempo.

Concluímos daí a importância da educação na aquisição das noções de tempo e de espaço. Desde a escola infantil, as tarefas organizadas em sequências possibilitam a construção de convenções de tempo como dia (manhã, tarde, noite), semana, mês, ano. Ao contar sua idade e compará-la com a dos outros, a criança percebe que cada idade tem uma duração diferente. Percebe também que seus avós nasceram antes de seus pais, mas que eles viveram juntos durante certo tempo (simultaneidade). Além disso, as crianças, os jovens e os mais velhos de nossa sociedade não participam das mesmas atividades, a vida social de uns é diferente da dos outros. Frequentam espaços distintos em tempos próprios.

NOTAS

[1] Lembramos que tomamos o sentido de "experiência" posto por Jorge Larrosa Bondía, *Nota sobre a experiência e o saber da experiência. Leituras,* Rede Municipal de Educação de Campinas/ Fumec, n. 4. julho de 2001, disponível em <http://educa.fcc.org.br/pdf/rbedu/n19/n19a03.pdf>, acesso em: 10 abril 2013.

[2] L. Lurçat, *Espace vécu et espace connu à l'école maternelle*, Paris, Les Éditons ESF, 1982.

[3] Carneiro et al., *O espaço pedagógico: corpo/espaço/comunicação*, 2. ed., Porto, Afrontamento, 1983, pp. 65-7.

[4] Marie-Germaine Pêcheux, *Le dévelopment des rapports des enfants a l'espace*, Paris, Nathan, 1990, p. 302.

[5] Segundo ele: "Se, no decorrer de seus primeiros dez anos de vida, ela [a criança] não aprender a desenvolver um sistema de autodisciplina conforme a essa instituição, se não aprender a se portar e a modelar sua sensibilidade em função do tempo, ser-lhe-á muito difícil, se não impossível, desempenhar o papel de um adulto no seio dessa sociedade." Norbert Elias, *Sobre o tempo*, tradução de Vera Ribeiro, Rio de Janeiro, Jorge Zahar Editor, 1998, p. 14.

[6] Nadai e Bittencourt, "Repensando a noção de tempo histórico no ensino", em Jaime Pinsky (org.), *O ensino de História e a criação do fato*, São Paulo, Contexto, 2009, pp. 95-6.

BIBLIOGRAFIA

ALMEIDA, R. Doin de. *Uma proposta metodológica para a compreensão de mapas geográficos*. São Paulo, 1994. Tese (Doutorado em Educação) – Faculdade de Educação, Universidade de São Paulo.
_____; PASSINI, E. Yasuko. *O espaço geográfico*: ensino e representação. 8. ed. São Paulo: Contexto, 2000. (1. ed. 1989)
_____. *Do desenho ao mapa*: iniciação cartográfica na escola. São Paulo: Contexto, 2001.
_____ (org.). *Cartografia escolar*. São Paulo: Contexto, 2008.
_____. Cartografia e infância. *VI Colóquio de Cartografia para Crianças e II Fórum Latino-americano de Cartografia para Escolares*. Juiz de Fora/MG, 2009. Disponível em: <http://www.scribd.com/doc/21198272/Cartografiaeinfancia?secret_password=1y7uc0bv6objyzc80osp>. Acesso em: 10 fev. 2010.
ALVES-MAZZOTTI, A. J.; GEWANDSZNAJDER, F. *O método nas ciências naturais e sociais*: pesquisa quantitativa e qualitativa. 2. ed. São Paulo: Pioneira Thomson Learning, 2001.
BATTRO, A. M. *Dicionário terminológico de Jean Piaget*. Trad. Lino de Macedo. São Paulo: Pioneira, 1976.
BENJAMIN, Walter. *O narrador*: observações acerca da obra de Nicolau Lescov. São Paulo: Abril Cultural, 1980. (Col. Os Pensadores)
BOCZKO, Roberto. *Conceitos de astronomia*. São Paulo: Edgard Blücher, 1984.
BONDIA, Jorge Larrosa. *Nota sobre a experiência e o saber da experiência. Leituras*. Rede Municipal de Educação de Campinas/Fumec, n. 4, julho 2001. Disponível em: <http://educa.fcc.org.br/pdf/rbedu/n19/n19a03.pdf>. Acesso em: 10 abr. 2013.
CARNEIRO, Alberto; LEITE, Elvira; MALPIQUE, Manuela. *O espaço pedagógico*: corpo/espaço/comunicação. 2. ed. Porto: Afrontamento, 1983, v. 2. (Coleção Ser Professor)
CARTER, J. R. *Map*: TV character and visual representation of space, 2009. Disponível em: <http://icaci.org/documents/ICC_proceedings/ICC2009/html/nonref/29_4.pdf>. Acesso em: 20 maio 2011.
CIDADE DOS BRINQUEDOS PERDIDOS. Paramount Pictures. Manaus: Videolar, 2008, 1 DVD, 23 min., son., color. (*Dora, a aventureira*).

Elias, Norbert. *Sobre o tempo*. Trad. Vera Ribeiro. Rio de Janeiro: Jorge Zahar, 1998.
Gazzano, Elena. *Educación Psicomotriz 1*. Madrid: cincel, 1982.
Goodnow, J. *Desenho de crianças*. Trad. de Maria Goretti Henriques. Lisboa: Moraes Editores, 1979.
Greig, P. *A criança e seu desenho*: o nascimento da arte e da escrita. Trad. Fátima Murad. Porto Alegre: Artmed, 2004.
Juliasz, Paula C. S. *Tempo, espaço e corpo na representação espacial*: contribuições para a educação infantil. Rio Claro, 2012. Dissertação (Mestrado em Geografia) – Instituto de Geociências e Ciências Exatas, Universidade Estadual Paulista Júlio de Mesquita Filho.
Lakatos, E. M.; Marconi, M. A. *Metodologia científica*. 4. ed. São Paulo: Atlas, 2004.
Ludke, M.; André, M. E. D. A. *Pesquisa em educação*: abordagens qualitativas. São Paulo: epu, 1986.
Lurçat, L. L'Espace inter-objets. *Psychologie Française*, 1974, Tomo 19, n. 3, pp. 29-34.
_____. *El Niño y el espacio*: la función del cuerpo. Trad. Ernestina C. Zenzes. Cidade do México: Fondo de Cultura Económica, 1979.
_____. *Espace vécu et espace connu à l'école maternelle*. Paris: Les Éditons esf, 1982.
Manning, M.; Granström, B. *Debaixo da cama*: uma viagem ao centro da Terra. Trad. Luciano Machado. São Paulo: Ática, 2007. (Coleção Xereta)
Moura, M. O. de. A atividade de ensino como unidade formadora. *Bolema*. Ano ii, n. 12, 1996, pp. 29-43.
Nadai, Elza; Bittencourt, Circe. Repensando a noção de tempo histórico no ensino. In: Pinsky, Jaime (org.). *O ensino de História e a criação do fato*. São Paulo: Contexto, 2009.
Pêcheux, Marie-Germaine. *Le développement des rapports des enfants à l'espace*. Paris: Éditions Nathan, 1990.
Piaget, J. *A noção de tempo na criança*. Trad. Rubens Fiúsa. Rio de Janeiro: Record, s.d.
_____; Inhelder, B. *A representação do espaço na criança*. Trad. Bernadina Machado de Albuquerque. Porto Alegre: Artes Médicas, 1993.
Pino, Angel. A categoria de "espaço" em Psicologia. In: Miguel, A.; Zamboni, E. (orgs.). *Representações do espaço*: multidisciplinaridade na educação. Campinas: Autores Associados, 1996, pp. 51-68.
Pulaski, M. A. Spencer. *Compreendendo Piaget*: uma introdução ao desenvolvimento cognitivo da criança. Trad. Vera Ribeiro. Rio de Janeiro: Guanabara Koogan, 1986. (Biblioteca de Ciências da Educação)
Santos, Joel R. dos. *A Pirilampeia e os dois meninos de Tatipurum*. São Paulo: Ática, 2003.
Santos, Maria do Carmo S. R. dos. *Manual de fundamentos cartográficos e diretrizes gerais para elaboração de mapas geológicos, geomorfológicos e geotécnicos*. São Paulo: Instituto de Pesquisas Tecnológicas. 1990. (Publicação IPT; v.1773).

VYGOTSKI, L. S. *Pensamento e linguagem.* Trad. Jeferson Luiz Camargo. São Paulo: Martins Fontes, 1987. (Psicologia e Pedagogia)
_____. *Formação social da mente*: o desenvolvimento dos processos psicológicos superiores. 2. ed. Trad. Grupo de Desenvolvimento e Ritmos Biológicos – Departamento de Ciências Biomédicas – USP. São Paulo: Martins Fontes, 1988.
_____. *O desenvolvimento psicológico na infância.* Trad. de Claudia Berliner. São Paulo: Martins Fontes, 1998. (Psicologia e Pedagogia)
_____. A aprendizagem e desenvolvimento intelectual na idade escolar. In: VYGOTSKI, L. S.; LURIA, A. R.; LEONTIEV, A. N. *Linguagem, desenvolvimento e aprendizagem.* Trad. M. da P. Villalobos. 4. ed. São Paulo: Ícone, 2001, pp. 107-17.
_____. *A construção do pensamento e da linguagem.* 2. ed. Trad. Paulo Bezerra. São Paulo: WMF/Martins Fontes, 2009. (Biblioteca Pedagógica)
_____. *La imaginación y el arte en la infancia.* 10. ed. Madrid: Akal, 2011.
WALLON, Henri. *Psicologia e educação da infância.* Lisboa: Estampa, 1975.
_____; LURÇAT, Liliane. *Dessin, espace et schema corporel chez l'enfant.* Paris: Les Éditions ESF, 1987.

AS AUTORAS

Rosângela Doin de Almeida é graduada e licenciada em Geografia pela Universidade de São Paulo e mestre e doutora pela Faculdade de Educação da Universidade de São Paulo. É livre-docente em Prática de Ensino de Geografia pela Universidade Estadual Paulista (Unesp). Lecionou Prática de Ensino de Geografia na Unesp, onde aposentou-se. É membro correspondente nacional da Comissão de Cartografia para Crianças (CCC) da Associação Cartográfica Internacional (ICA/ACI). Publicou artigos em revistas científicas nacionais e estrangeiras, sendo coautora do livro *O espaço geográfico: ensino e representação* e da coleção *Atividades Cartográficas*. É autora de *Do desenho ao mapa: iniciação cartográfica na escola* e organizadora do livro *Cartografia Escolar*, ambos publicados pela Editora Contexto. Coordenou a publicação de diversos atlas municipais escolares. Atualmente é docente voluntária do Programa de Pós-Graduação em Geografia da Unesp, *campus* Rio Claro. Atua como assessora em Geografia e Cartografia para escolas, produção de atlas municipais escolares e formação de professores.

Paula C. Strina Juliasz é mestre em Geografia pela Universidade Estadual Paulista (Unesp), *campus* Rio Claro, onde também cursou Licenciatura e Bacharelado em Geografia e especialização em Pesquisa em Cartografia. Também é formada no curso Normal. Lecionou na rede pública de ensino em Rio Claro (SP) e na particular da cidade de São Paulo. Tem experiência na área de Geografia, atuando principalmente na Cartografia Escolar e no ensino de Geografia. Atualmente, desenvolve pesquisa de doutorado na área de Ensino de Ciências e Matemática na Faculdade de Educação da Universidade de São Paulo (FEUSP).

GRÁFICA PAYM
Tel. (11) 4392-3344
paym@terra.com.br